초보 글쟁이 성주쌤의 미래교육 이야기

초보 글쟁이 성주쌤의 미래교육 이야기

발행일   2023년 03월 20일

지은이   이성주
펴낸이   손형국
펴낸곳   (주)북랩
편집인   선일영   편집   정두철, 배진용, 윤용민, 김부경, 김다빈
디자인   이현수, 김민하, 김영주, 안유경, 최성경   제작   박기성, 황동현, 구성우, 배상진
마케팅   김회란, 박진관
출판등록 2004. 12. 1(제2012-000051호)
주소   서울특별시 금천구 가산디지털 1로 168, 우림라이온스밸리 B동 B113~114호, C동 B101호
홈페이지   www.book.co.kr
전화번호   (02)2026-5777   팩스   (02)3159-9637

ISBN   979-11-6836-783-8 03370 (종이책)   979-11-6836-784-5 05370 (전자책)

(주)북랩 성공출판의 파트너

북랩 홈페이지와 패밀리 사이트에서 다양한 출판 솔루션을 만나 보세요!

홈페이지 book.co.kr   •   **블로그** blog.naver.com/essaybook   •   **출판문의** book@book.co.kr

작가 연락처 문의 ▸ ask.book.co.kr

작가 연락처는 개인정보이므로 북랩에서 알려드릴 수 없습니다.

훈화, 발간사, 편지글, 소통과 공감의 글

책 글쟁이 성주쌤의 미래교육 이야기

글/썽/이 이성주 著

북랩

초보 글쟁이 성주쌤의
미래교육 이야기(글/썽/이)를 펴내며

저자의 성장사를 듣다

저자의 삶에서 또렷한 기억으로 남아 있는 삶의 일부를 들려드리는 일, 저자의 출판 의도를 말씀드리는 것이 도리라는 생각이 앞섭니다.

쌍계초 시절(1969~1974)은 웅변대회 수상이 내 삶을 꿈틀하게 하였습니다. 큰 나무를 흔드는 건 거센 바람이지만, 어린나무를 춤추게 하는 건 수상 하나로도 충분했던 셈입니다.

화개중 시절(1975~1977)은 5촉 백열등이 처음 들어온 것이 천지개벽이었지만, 우리 집의 천지개벽은 구○○ 교장 선생님이 아버지를 교장실로 불러 차 한잔과 함께 "벼농사보다 자식농사가 중요하다"라고 말해주신 게 아닐까 싶습니다.

하동고 시절(1978~1980)은 인생 공부는 모르겠지만, 교과 공부를 잘했다고 주변에서 인정했습니다. 3년 내내 흔들림 없이 엉덩이 힘으로 공부했기에 나 자신에게 감사하며 졸업했습니다.

부산교대 시절(1981~1984)은 이런저런 혼란스러움으로 빡빡머리 두 번, 다른 길 공부로 교사 준비에 소홀하였기에 지금도 아쉽습니다. 그저 방황의 세월인지, 성장통인지 지금도 아득합니다.

책의 출판의도를 말하다

1985년 5월 9일 교사로서 첫 발령을 받아 줄곧 초등학교에서 근무하였습니다. 책 읽기를 좋아하고, 학생들의 독서교육에 조금은 남다르게 관심을 가졌습니다. 이제 정년을 약 2년 남기고 그동안의 글들을 모아서 책을 엮어봤습니다. 『초보 글쟁이 성주쌤의 미래교육 이야기(글썽이)』라는 문집을 펴내며 저자의 출판 의도나 책의 구성을 책 제목으로 풀어내고자 합니다.

저는 초보 글쟁이입니다. 글을 좋아하기에 글쟁이입니다. 글을 좋아하는 취향이 좋은 글을 쓰는 능력을 보장하는 것은 아니기에 초보란 말을 붙였습니다. 어설픈 걸음마를 배우는 초보이기에 고언(苦言)을 주시면 감사하겠습니다. 쓴소리 달게 받겠습니다.

저는 교사 이성주입니다. 조벽 교수가 『나는 대한민국의 교사다』라는 저서에서 말하는 삶의 가치에 따른 교육관을 가졌거나, 한국 교육을 혁신할 역량을 갖춘 교사가 아닙니다. 그러기에 한 개인의 교육관에 불과할 수 있는 교사 이성주(성주쌤)의 이야기입니다. 학생 주도성을 강조하는 교육관을 가졌으나, 저의 문하생들이 그런 교육을 받았다고 자부할 순 없습니다. 저에게서 만족스런 교육을 받지 못한 학생이나 보호자님이 계시다면 용서를 구하고자 합니다.

문집의 내용은 미래교육입니다. 4차 산업혁명 시대, 취향존중의 시대, 기후다변화 시대에 학교교육, 가정교육, 사회교육은 어떻게 실행되어야 할까 고민을 해봤습니다. 모름지기 미래 사회의 변화를 '지금, 여기, 우리' 교육현장에 반영하고, 교육공동체 구성원의 합의를 통해 미래교육의 비전을 제시하여야 한다고 봅니다. 저의 문집에서 미래교육 이야기는 구성원의 일원으로서 주관적일 수 있기에 독자 여러분의 생각과 다른 점이 많을 것입니다.

다름의 합의를 찾아 소통, 공감, 동행의 길을 걸을 수 있길 소망합니다.

작은 소망 중 하나는 이 책의 제목이 길어서 '글썽이'라는 별칭을 갖길 소망합니다. '글썽이다'의 사전적 의미(눈에 눈물이 넘칠 듯이 그득하게 고이다)가 감동을 주거나 공감할 때 맺힌 이슬 같은 느낌을 주기에 소수의 몇몇 분에게라도 이 책이 소통, 공감, 동행의 문을 여는 손잡이가 되길 희망하기 때문입니다.

책의 구성을 읽다

본 문집에 담긴 내용을 알려드리는 것이 도리라 생각되어 간단히 글을 보탭니다. 본 문집은 크게 3가지 묶음으로 구성하였습니다.

첫 묶음은 만남 이야기, '사람과 만나다'입니다.

교육공동체인 학생과의 만남, 보호자(학부모 등)와의 만남, 동료 교원과의 만남, 각종 행사를 통한 만남의 자리에서 드린 감사의 말씀 등으로 구성하였습니다.

둘째 묶음은 나눔 이야기, '생각을 나누다'입니다.

교사 시절 학급문집에 담았던 담임 선생님의 손바닥만 한 이야기, 교장 시절의 학교신문과 학교문집, 워크숍 책자에 직접 써서 담은 발간사 중심으로 구성하였습니다. 각종 회보에 투고한 글이나 덕담 형식의 주례사도 담았습니다. 교원능력개발평가의 자기평가서, 자기소개서 등을 맛볼 수 있습니다.

셋째 묶음은 희망 이야기, '미래를 꿈꾸다'입니다.

부산초등교장회 회장(2021~2022학년도)으로서 교장회 회원님들과 소통하고 공감하면서 동행한 발자취를 담아봤습니다. 정기총회나 이사회 및 교장회 회보에 실은 글, 매달 내부통신망으로 보내드린 내용을 축약한 월별 통신 등으로 구성하였습니다.

이외에도 부산교대부설초 교장으로 재직하면서 동료 교원과 수평적 소통을 위한 목적으로 매일 보내드린 아/희/편(아침햇살 희망편지) 중 몇 편을 골라 각각 만남 이야기, 나눔 이야기, 희망 이야기로 구분하여 책의 일부로 구성하였습니다.

스스로 새기다 그리고 다지다

끝으로 존경의 마음을 담아 감사의 정을 드립니다.

교사 시절의 학급문집이나, 교장 시절의 학교신문 및 학교문집의 발간에 기여한 학생이나 동료 선생님들께 감사함을 전합니다. 처녀 출판에 따른 미숙함을 너그러이 이해하시고, 길라잡이 역할을 해주신 북랩출판사 김회란 본부장님과 관계자님들께 감사드립니다.

끝으로 저의 평생 반려자 아내와 두 아들 듬직이와 믿음이에게 감사함을 전합니다. 아직은 원숙한 나이가 아닌데도 엄마 역할을 잘하는 며느리에게도 고마움을 전합니다. 손녀 랑이의 행복한 미래를 기원합니다.

다짐합니다. 시작의 문을 여는 것, 첫 번째 걸음을 내딛는 것, 첫 문장을 쓰는 것은 신(神)도 도와줄 수 없는 것이라더군요. 초보 글쟁이가 내딛는 첫 번째 걸음이 내 심장이 뛰는 동안 계속 이어지길 다짐해봅니다. 나와의 소통과 공감, 내가 나와 함께 동행한 거기까지가 내 세상이 될 테니까.

2022년 세 번째 스무 살을 맞아
이성주

교직의 여정을 반추하며

이성주 교장은 같은 학교에서 근무한 적은 없었으나, 교직에서 나와 비슷한 길을 걸어온 후배이며 동향이라 더욱 관심을 갖게 되었다. 어느 날 그가 책을 내겠다는 뜻을 피력하며 글을 보내주었다.

그의 글 속에는 학생들, 학부모들, 동료 교직원들과 다양한 방법으로 소통하면서 서로 공감하려고 노력한 흔적들이 고스란히 남아 있어 그의 세심한 인품이 느껴졌다. 나의 지난 교직생활을 되돌아보며 늦게나마 반성하는 계기도 되었다.

교직생활이란 것이 개미 쳇바퀴 돌듯 천편일률적인 것 같으면서도 교직자 개인의 의지나 봉사하려는 노력에 따라 각기 얼마나 다른 모습으로 다가오는지를 느꼈다. 학생들에게 꿈과 희망을 심어주기 위해 사랑으로 대했던 모습들, 교직원들이나 학부모들과 소통하려 했던 노력들, 교장회를 이끌면서 교장들에게 학교 경영에 도움을 주기 위해 봉사했던 모습들에 공감했다.

각종 학교행사에서 나누었던 인사말, 훈화, 교직원과의 소통을 위한 희망편지의 글, 각종 회보나 학교문집의 글, 학교신문 발간사, 교원평가를 위한 자기평가서, 소개서, 승진 축하에 대한 감사 글, 교장회 업무 전달 등으로 다양했다. 이런 글들은 교직에 있는 후배들에게 다양한 자료로 활용

될 가치가 충분하다고 보았다.

　인간의 삶에서 주요한 단계인 '만남, 나눔, 다움'의 3박자에 눈길이 멈추
어지며, 다시 한번 그 의미를 되새겨보았다. 만남의 설렘과 그 가능성을
열어나가는 것이 나눔이라 생각했다. 누구나 학생으로, 직장인으로 살아
가게 되는데 그 최종 도달점은 '다워야 한다'라는 것이었다. 교원에겐 더
말할 필요가 있겠는가?

　이성주 교장의 성실한 교직생활에 경의를 표한다. 글쓰기에 자질과 흥
미를 가졌으니, 앞으로도 계속 글을 쓸 것을 기대한다. 특히 퇴임 후 글을
쓰면서 노년을 보내는 것만큼 의미 있는 일이 있겠는가!

권해성

부산지역사회교육협의회 회장

저서 『글 숲에서 길을 찾다』(인간과문학사)

눈물로 전하는 소통과 공감 그리고 동행

제목이 『글썽이』라니!

이성주 교장 선생님은 그 이유를 좋아하지 않을 수도 있겠지만, 저는 저자께서 지으신 책의 제목이 『글썽이』라는 것을 듣자마자 '이거 찰떡이다!'라고 생각했습니다. 교장 선생님에 대한 기억 중 또렷하게 마음속에 저장된 장면 중 하나가 바로 교장 선생님의 '눈물'이기 때문입니다.

2021년 3월의 어느 날, 1학년 모 선생님의 공개수업에 대한 사후협의회 중 이성주 교장 선생님은 눈물을 보이셨습니다. 수업 학급에 행동이 과한, 소위 '다루기 힘든' 학생이 있었고 수업 내내 다른 학생들이 발표를 할 때에도 같이 일어나서 발표를 하는 모습을 보였습니다. 수십 명의 동료 교사가 지켜보는 공개수업이라 담임 선생님은 그 학생의 돌발 행동을 무시하고 준비한 대로 수업을 진행할 만도 한데, 계속 그 학생에게 따뜻하게 관심을 보이며 학생이 기꺼이 참여할 수 있도록 발표 기회도 많이 주는 수업이었습니다.

수업 참관이 끝나고 협의회 중 교장 선생님께서는 본인이 젊은 시절에 맡으셨던 비슷한 말썽쟁이가 떠올랐다 말씀하시며 "나도 그때 이 담임 선생님처럼 이렇게 해봤더라면…" 하며 말끝을 흐리셨고, 우리 모두는 교장 선생님의 눈물을 보았습니다.

저에겐 언제나 교장실 문턱이 참 높습니다. 하지만 이성주 교장 선생님은 누구든 편히 들어와서 소통하자는 의미로 교장실 문지방에 두 뼘쯤 되는 나무 막대를 끼워두셨지요. 그래서 늘 교장실 문은 조금 열려 있습니다.

교장 선생님과 함께 근무하는 동안 저도 몇 번 교장실의 문을 두드렸습니다. 너무 열심히 하는 동료 선생님을 행여 놓치고 계실까 일러드리고, 이 책에도 등장한 아/희/편에 공개 칭찬 좀 해주십사 하는 경우도 있었고, 수업협의회 중에 혼자 너무 몰입하여 분위기를 흐린 것 같아 사과를 드리려는 목적도 있었습니다. 저도 참 눈물이 많아 교장 선생님 앞에서 눈물을 보일 때마다 함께 눈물 글썽이며 마음을 다독여주시던 그 모습이 참 따뜻했습니다. 그래서 또 교장실 문을 두드릴 용기가 생긴 것 같기도 합니다.

동료에게 눈물을 보이는 것이 어찌 보면 부끄러운 일이고, 억지로 감추거나 참아내야 하는 거라 생각할지 모르겠습니다. 하지만 저는 교장 선생님이 보여주신 글썽임이 공감이고 소통이었습니다. 위로가 되었고 격려가 되었습니다.

『글썽이』역시 동료 교사들에게 따뜻한 위로와 격려가 될 것으로 믿어 의심치 않습니다.

정혜선

달산초등학교 선생님, 부산한새교사상 수상(2021)

수업에 진심인 선생님(저자의 생각)

'바싹 말라버린 샘'이라고 놀렸던 성주쌤

이성주 은사님은 제 초등학교 2학년과 6학년의 담임 선생님이셨습니다. 은사님은 담임이시던 당시 '마르지 않는 샘, 성주쌤'이라는 말장난을 자주 하시곤 했는데, 제가 그 구절을 듣고는 '바싹 말라버린 샘'이라며 은사님께 장난을 친 게 기억이 납니다. 새파랗게 어린 제자가 까불어도 웃어넘기시던 것을 회상해보니, 제 초등학교 생활은 은사님 덕분에 즐겁고 따뜻했던 것 같습니다.

'진수야, 멋지게 자라서 만나자. 선생님도 멋진 교감, 교장 쌤이 되도록 노력할게. 진수 가족의 건강, 화목을 바라는 성주쌤.'

졸업식 날 은사님께서 저에게 주셨던 편지의 문구입니다. 그 글귀는 오랜 해외 생활 중에도 기억 속에 꾸준히 자리 잡고 있었고, 제가 귀국하자마자 선생님을 찾아뵙도록 이끌었습니다. 저는 희한하게도 단 한번도 졸업식 편지의 약속이 실현되지 않으리라 의심한 적이 없었던 것 같습니다. 그리고 놀랍게도 실제로 은사님은 모교의 교장 선생님이 되셨고, 저는 멋지게는 아닐지라도 한 사람 몫을 할 수 있도록 자라 선생님과 만났습니다. 16년이 지나 다시 뵙게 된 은사님은 마르기는커녕 그럴 기색 하나 보이지 않았습니다. 여전히 마르지 않는 샘, 성주쌤이셨습니다.

여전하셨습니다. 웃음이 많으신 것도, 언어유희를 하시다가도 필요할 때 진지한 말씀을 해주시는 것도, 교육에 관하여 한없이 진심이시며 당신의 모든 것을 다해 임하시는 것도. 그리고 이 글은 그런 여전함들이 여실히 드러나는 글입니다. 저는 이 글이 해학적이면서도 진중하신 이성주 은사님의 글답다 느꼈습니다.

'남과는 달라야 한다, 날마다 변해야 한다, 그리고 자신이 한결같아야 한다.' 어린 시절 마음에 새긴 은사님의 가르침이지만, 그 누구보다도 은사님 자신이 먼저 실천하신 모습이 읽힙니다. Show, don't tell. 인생을 먼저 사신 선배님, 선생(先生)님의 가르침이 진정 옳음을 깨닫게 해주는 가장 효과적인 길이 이런 것이 아닐까 싶습니다. 서른, 두려워하지 않아야 할 시기를 넘어 후회하지 말아야 할 나이가 되었는데도, 선생님은 여전히 스승님이십니다.

집필의 물줄기가 더해짐으로 더더욱 마르지 않는 성주쌤이 되신 것을 진심으로 축하드립니다.

최진수
한국오라클유한회사 근무

감사의 글

나를 찾아준 선생님

30대가 되어서도 여전히 선명한 초등학교 2학년 시절. 지금의 나를 찾게 해주신 성주쌤을 만나 참 영광이었고 또 감사했습니다. 낯선 환경 속에 다소 내성적이었던 제가 인생 처음으로 초등학교라는 작은 사회에서 적응하려 노력한 지 2년 차에 접어들 때였습니다. 소소한 농담들로 아이들에게 한 발짝씩 다가오셨던 선생님은 조금은 닫혀 있었던 저의 마음을 조금씩 열어주셨고 학기 중반 즈음엔 서로 장난을 칠 정도로 이미 부쩍 가까워져 있었습니다.

'유머'라는 것이 정말 마법 같은 게, 선생님의 농담에 친구들이 웃고 친구들이 웃는 모습에 제가 웃게 되었습니다. 그날부터 저는 개인기(?)를 연마하기 시작했고 그 결과 짱구의 울라울라 춤과 함께 교실의 분위기 메이커를 자처할 수 있게 되었습니다.

자신감 넘치는 학교생활은 좋은 성적과 교우관계로 이어졌고, 저는 불과 1년 만에 요즘 흔히들 말하는 '인싸'가 될 수 있었습니다.

이후로도 밝고 명랑한 성격이 지금의 저를 만들었고 여전히 어렵디어려운 인간관계를 만들어나가는 데 큰 힘이 되고 있습니다. 직장인이 되고 또 하루하루가 평범한 지금의 삶을 살다 보면 꼭 그 시절이 떠오릅니다.

내일이 기대가 되었던, 그리고 학교에 가는 일이 너무나도 설렜던 그 시절. 훗날 저의 자녀 또한 이런 '인생의 길잡이'를 배움의 터전에서 만나길 기원합니다.

나의 소중한 선생님의, 평범하지만 특별했던 교직생활의 엑기스를 담아낸 『글썽이』를 소중한 여러분께 추천드립니다. 무엇보다도 저의 학창 시절 '인싸'가 될 전환점을 주신 선생님께 감사함을 전합니다. 더불어 훗날 저의 자녀교육 '길잡이'가 될 『글썽이』를 선물해주신 은사님께 감사의 마음을 전합니다.

감사합니다.

김수민

삼성전자 반도체본부 근무

내 아이의 꿈이 꿈틀댄 그곳의 교장 선생님!

겉만 어른인 제가 결혼식을 하고 첫아이이자 마지막 아이인 외둥이 딸을 키우면서 겸손을 배우고 있습니다. 아이를 낳아서 키운다는 것은 무한한 사랑과 정성을 다 쏟아야만 한다는 사실을 온 마음으로 온몸으로 깨닫고 있습니다. 우주를 다 준다고 해도 바꿀 수 없을 소중한 아이를 최고로 가르치겠다는 욕심과 야망으로 보낸 학교에서 예기치 못하게 암흑적인 코로나의 시기를 맞닥뜨렸고, 그 중간에 운명적인 인연을 만나게 됩니다.

이성주 교장 선생님! 첫 만남의 날이 잊히지 않습니다. 아침 교통 봉사 시간에 일일이 인사를 하러 오시면서 갑작스레 내리던 비에 봉사 중인 학부모들이 비를 맞을까 봐 노란우산(양심우산)을 손수 가져오시면서 따뜻하게 다가와주시던 모습이 선합니다. '어느 교장 선생님께서 이 전쟁 같은 시국에 새로 오셔서 우리 아이들을 잘 이끌어주실지.' 학부모 입장으로 걱정을 많이 하고 있었건만 첫눈에 반해버렸습니다. 섬세한 배려 덕에 진심으로 마음을 열게 되고 걱정의 시간들이 무색하게 되었습니다.

'정말 미래에서 오신 것이 아닌가?' 의심이 들 정도로 별처럼 반짝이는 아이디어로 사회적 거리두기의 절망적인 시국에서도 오히려 더욱 다양한 채널과 콘텐츠로 학생들이 아름다운 경험을 많이 누릴 수 있었습니다. 다양하게 소통하시고 쉴 새 없이 고민하시고 공감하시는 모습을 지켜보았습니다. 저절로 존경심이 우러나오게 하는 선생님을 이제라도 만나 너무 행복하고 감사합니다.

아침 조회 시에 교장 선생님께서는 학생의 눈높이에 맞는 방식으로 훈화 말씀을 재미있고 의미 있게 하십니다. 주간신문 「새아침」에 실린 교장 선생님의 글은 학부모인 제게도 많은 도움이 됩니다.

이번에 교육 에세이 『글썽이』를 내시면서 저자 서문에 '초보 글쟁이'라고 말씀하시니 이 또한 겸양의 지혜가 아닌가 합니다. 우리는 인생에서 단 한마디 말로 희망을 찾을 수 있고, 절망을 겪을 수도 있습니다. 늘 따뜻한 봄 햇살처럼 칭찬과 격려를 아끼지 않으시는 선생님 곁에서 자라는 우리 아이들은 그 긍정 에너지를 받으며 무럭무럭 잘 자라고 있는 것 같습니다. 아이도 학부모도 동반 성장할 수 있는 선생님의 곁이 너무 행복했습니다. 이성주 교장 선생님의 (초)능력적인 교육관과 (보)물같이 반짝이는 글들이 기대되고 봄보다 더 설렙니다. 진심으로 존경합니다!

이소민
부산교대부설초 학교운영위원장(2022)

차례

1장   사람과 만나다

2장 생각을 나누다

3장 미래를 꿈꾸다

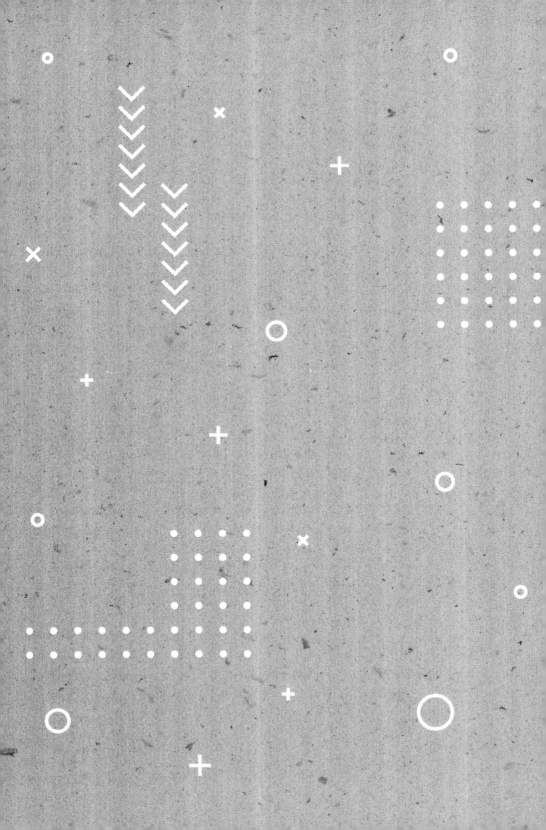

1장

사람과 만나다

한

　　아

온　　　이

　　마　　　를

　　을　　　키

　　이　　　우

　　　　　　　는

　　　　　　필

　　　　　요　　데

　　　　　하

　　　　　　다

1장

첫 만남(부임)

새 학교를 만남

○○ 가족 모두가 VIP

안녕하십니까?

'교육의 중심은 학생'이라는 철학과, '혼자 가면 빨리 가고, 함께 가면 멀리 간다'라는 신념을 바탕으로 교육공동체 모두가 행복한 ○○초가 되기 위하여 다 함께 노력할 것을 약속드립니다.

첫째, 학습 주체인 학생들이 즐거움과 깨달음을 추구하도록 돕겠습니다.

즐거움과 깨달음이라는 두 바퀴 자전거를 맘껏 타는 모습을 상상하고 상상이 현실이 되도록 교직원 모두가 함께 돕겠습니다.

둘째, 교육 주체인 선생님들이 열정과 신념으로 교육할 수 있도록 뒷받침하겠습니다.

'교육의 생명은 수업'이라는 정신 자세와 특색 있는 학급 경영 실천으로 학생들의 꿈을 키울 수 있도록 힘을 모으겠습니다.

셋째, 참여 주체인 보호자님들이 신뢰와 협조로 교육에 동참하는 문화를 이어 나가겠습니다.

그동안 보호자님들이 보여주신 학교교육에 대한 긍정의 시선, 신뢰하는 분위기, 적극적인 참여 문화를 계속 유지하고 발전시키겠습니다.

넷째, ○○구 지역사회와 상생하는 협조체제를 구축하겠습니다.

아프리카 속담에 '한 아이를 키우는 데 온 마을이 필요하다'라는 말이 있습니다. 지역사회는 '학교 밖의 또 다른 교실'이라는 생각으로 배움의 장을 넓히고, 지역사회와 도움을 주고받는 상생의 시스템을 확장하여 나가겠습니다.

그리하여 학생에겐 꿈(Vision)을, 보호자에겐 감동(Impression)을, 교직원에겐 열정(Passion)을 샘솟게 하여 교육공동체 모두가 VIP(가장 소중한 사람)가 되는 인간중심 학교 경영을 위해 노력하겠습니다.

끝으로 학생, 교직원, 보호자, 지역사회 등 교육공동체가 함께하는 행복한 배움터, ○○초등학교가 '작지만 강한 학교'로 발전할 수 있도록 보호자님 여러분의 따뜻한 성원과 참여를 바랍니다. 감사합니다.

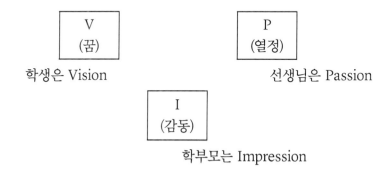

행복 교육 1번지, ○○초등학교

안녕하세요?

저는 '행복 교육 1번지'를 만들어가는 예/원/교/육/의 가족이 되고자 합니다. ○○초를 상징하는 것에는 교화, 교목, 교표, 교가 등이 있을 것입니다. 우리 학교 ○○초의 상징물에 의미를 담아 4가지 이야기를 드리고자 합니다.

우선 ○○초의 상징인 교화, 장미는 아름답습니다.

교화인 장미는 여러 겹의 꽃잎이 어울려 있기에 아름답습니다. 여러분도 아름다운 장미 꽃잎처럼 친구와 사이좋게 지내는 어린이가 되어봅시다. 그래서 ○○초는 학교폭력이 제로인 학교가 되길 바랍니다.

○○초의 교목인 소나무는 사시사철 푸릅니다.

이 푸르름은 거저 주어진 게 아니라는 점입니다. 거센 비바람을 이겨내기도 했습니다. 오랜 가뭄을 견디기도 했습니다. ○○초 어린이 여러분의 1년 365일도 늘 즐거울 수만은 없을 것입니다. 사철 푸른 소나무가 고통을 이겨낸 것처럼 ○○초 어린이 여러분에게도 도전하는 태도, 모험하는 태도가 필요합니다. 참을성도 필요합니다. 예를 들면, 친구들로부터 외로움을 느낀다면 책을 친구 삼아 독서에 빠져보는 것입니다. 독서는 책을 친구로 만드는 좋은 선물이 되기도 합니다. 독서는 외로움을 깨달음으로 변화시키기도 합니다. 체력이 나빠서 감기에 자주 걸리는 친구는 좋아하는 운동을 꾸준히 해보세요. 공부를 해도 성적이 잘 오르지 않는 친구는 공부 잘하는 친구와 자신을 비교하지 마세요. 대신 자신이 어제 공부한 양과 오늘 공부한 양, 오늘 공부한 방법과 내일 공부할 방법을 비교해보는 지혜를 갖길 바랍니다.

○○초의 교표는 환한 미소를 띤 어린이의 얼굴 모습이더군요.

윌리엄 제임스는 '행복하기 때문에 웃는 것이 아니라, 웃기 때문에 행복하다'라고 말하였습니다. 늘 불만인 사람은 오던 복도 날아가고, 작은 일로 웃는 사람은 가던 복이 돌아옵니다. 친구의 단점만을 찾는 사람은 어리석게도 자신의 단점을 찾지 못하는 사람입니다. 담임 선생님을 존경하는 사람은 자신을 존중할 줄 아는, 자존감이 강한 친구일 게 분명합니다. 긍정의 눈으로 세상을 바라보면 교표처럼 웃는 모습의 환한 얼굴이 절로 생깁니다.

○○초의 교가에는 '큰 뜻 펴고 살아라, 희망찬 미래 향해'라는 가사가 있습니다.

어쩌면 큰 뜻이란 상상일지 모릅니다. 라이트 형제는 날고 싶다고 상상하였기에 최초로 비행기를 발명한 사람이 됐습니다. 아인슈타인은 '지식보다 더 소중한 것이 상상'이라는 진리를 깨우쳐줬습니다. 상상은 곧 현실이 될 수 있습니다. 많이 생각하고, 멀리 상상하여 꿈을 찾아 도전하는 2학기가 되길 바랍니다.

지금까지 교장 선생님은 여러분에게 장미처럼 더불어 사는 사람, 소나무처럼 참을성이 있는 사람, 교표처럼 늘 환하게 웃는 긍정적인 사람, 교가에 담긴 큰 뜻을 향해 상상하는 사람을 부탁하였습니다. 많은 부탁을 드렸군요. 하지만 여러분은 이미 그런 일들을 하고 있기에 조금만 더 변화를 보이면 2학기도 행복할 것입니다. 잘 들어주셔서 감사합니다.

1장

개학식(시업식)

새 학년을 만남

먹구름 뒤에는 태양이 있음을 잊지 맙시다

○○ 교육 가족 여러분, 우선 감사드립니다.

올봄은 먹구름이 하늘을 덮은 계절이었습니다. 그러나 보호자님, 학생 그리고 교직원 여러분의 슬기와 지혜로 먹구름을 걷어내고 있기에 감사드립니다.

○○초 학생 여러분, 울긋불긋 만산의 봄꽃이 우리 모두에게 희망의 메시지를 전하고 있습니다. 우리 사회의 봄이요, 미래의 꽃인 ○○초 어린이 여러분의 온라인 개학을 축하합니다. 아직 온라인 개학에는 익숙하지 못한 현실일 것입니다. 이런 현실을 마냥 부정만 하지 말고, 긍정의 눈으로 방향을 찾아봅시다.

예를 들어, 정해진 40분짜리 교과 학습에서 벗어나 스스로 찾아서 공부할 수 있는 습관을 기르는 기회로 만들어봅시다. 저학년은 가슴을 따뜻하게 하는 동화책을 골라 읽는다든지, 고학년은 인공지능 등 미래를 대비하는 서적을 많이 읽고 미래를 맘껏 상상해보았으면 합니다.

○○스타 여러분, 먹구름 뒤에는 세상을 밝힐 태양이 있음을 잊지 맙시다. 희망의 노래, 'YE1★(예원스타)'를 마음에 새겨보시길 바랍니다.

초보 글쟁이 성주쌤의 미래교육 이야기

○○초, 우린 Yearn!
사람답게 사람 사이에 간절함을 갖자.

○○초, 우린 Explore!
학생답게 공부할 땐, 탐구심을 잊지 말자.

○○초, 우린 1☆(One Star)!
꿈나무답게 꿈을 향해 더 집중하자.

- 2020년 4월, 늦은 온라인 개학날

 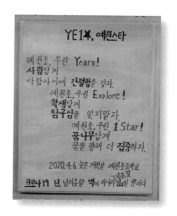

* Yearn:간절하라 / Explore:탐구하라 / 1☆(One Star):더 집중하자
* 코로나로 개학이 연기되는 혼란스런 시기에, 주술적인 힘을 믿는 바는 아니지만, 길조(吉鳥) 그림의 뒷면에 마음을 담아서 급식실 앞에 걸었습니다.

궁금한 이야기 5, 부탁하는 이야기 3

○○ 어린이 여러분, 반갑습니다. 오늘 개학식은 화상으로 궁금한 방학 이야기와 부탁하는 이야기 방식으로 진행해봅시다.

첫째는 궁금한 방학 이야기입니다.

여러분의 궁금한 방학 이야기에 대한 교장 선생님의 5개 질문에 답해주면 됩니다.

1. (책과 만남) 방학 때 읽은 책자나 전자도서 중 가장 기억에 남는 책은 어떤 것인지 지금 담임 선생님께, 부모님께 책 이름을 말해보세요.

2. (첫 만남) 이번 방학 때 첫 체험으로 도전한 것은 무엇입니까?

3. (익숙한 만남) 방학 중 가장 신나고 즐거운 체험은 무엇이었습니까? 오늘은 25일이니 25-1, 24번 학생이 대표로 답해봅시다.

4. (1일 1선) 방학 중 가족을 위해 하루 한 가지 착한 일을 한 것은 무엇이었습니까? 이건 옆에 계신 부모님 중에 한 분이 자녀의 착한 행동을 말씀해주셔도 좋습니다(30여 초 시간 부여).

5. (1일 1통) 코로나로 인해 못 보는 친구나 친지에게 하루 1통씩, 또는 1주일에 2~3번 정도 전화를 한 학생은 손을 들어봅시다.

다음은 ○○ 학생 여러분에게 3가지를 부탁합니다.
첫째는 바른 생활입니다.
남은 기간 등교하는 날이 6일씩이지만, 사이좋게 지내서 학교폭력이란 말이 들리지 않도록 ○○초의 자존감을 지킵시다.

둘째는 슬기로운 생활입니다.
코로나 방역수칙 잘 지켜서 수료식과 6학년 졸업식을 축제처럼 잘 치릅시다.

셋째는 즐거운 생활입니다.
사이좋게 지내고, 방역수칙 잘 지키면 모두가 웃는 즐거운 생활이 될 것입니다. 감사합니다.

3의 법칙, 3가지 이야기

　오늘은 20○○학년도가 시작되는 뜻깊은 날입니다. 오늘부터 여러분들은 새로운 선생님, 새로운 친구들과 1년을 함께 생활하게 됩니다. 즐겁고 행복한 학급, 오고 싶고 머물고 싶은 학교가 되도록 선생님, 친구들과 함께 우리 ○○ 가족 다 같이 노력합시다.

　그럼 새 학년이 된 여러분들에게 1년 동안 힘써주었으면 하는 일들을 몇 가지 이야기할 테니 잘 듣고 꼭 실천해주기 바랍니다.

　첫째, 1일 1선! 하루 한 가지 이상 착한 일을 하는 것입니다.

　건강하고 안전한 생활을 하면서 남에게 베푼다는 것은 아름다운 일이기 때문입니다. 집에서는 이불 개기나 신발장 정리, 설거지하기 등이 있고, 학교에서는 친구와 고운 말 쓰기, 쓰레기를 함부로 버리지 않기 등 많은 착한 일들이 있습니다. 무엇보다 코로나 예방을 위해 마스크 쓰기, 손 깨끗이 씻기, 사회적 거리두기 지키기 등도 1일 1선입니다.

　둘째, 1일 1책! 하루 1권의 책 속에서 꿈을 펼치길 바랍니다.

　새 학년이 되어 하고 싶은 일이 많을 것입니다. 그중에서 책과 친구가 되겠다는 마음과 실천이 필요합니다. 책벌레라는 별명을 자랑스럽게 가져볼 만도 합니다. 책 속에는 궁금한 이야기로 가득한 신비의 세계가 있고,

훌륭한 이야기가 담긴 위인을 만날 수도 있습니다.

셋째, 1일 1문! 세상을 향해 질문을 던지십시오.

우주가 우리에게 준 선물 중 최고의 것은 '사랑하는 힘'과 '질문하는 능력'이라고 어느 시인은 말하였습니다. 독서를 하다가 궁금하면 선생님에게 여쭈어보세요. 선생님의 생각을 내 머릿속에 담는 것도 중요합니다. 그러나 더욱 중요한 것은 궁금한 내 생각을 끄집어내어 선생님께 여쭤보는 일입니다.

올해 1년 동안 우리 학교의 모든 학생들이 1일 1선으로 착하고 바른, 그래서 가슴이 '따뜻한 어린이'가 되는 한 해이길 빕니다. 모든 학생들이 1일 1책으로 남다른 영특함을 가진 '똑똑한 어린이'가 되는 한 해이길 빕니다. 세상을 향해 질문을 던지는 1일 1문으로 미래 한국의 '든든한 리더'가 되어주길 바랍니다.

저를 포함하여 ○○초의 모든 선생님이 응원하겠습니다. 감사합니다.

꿈을 펼치는 ○○초의 주인공

○○초등학교 어린이 여러분, 오늘은 20○○학년도가 시작되는 뜻깊은 날입니다. 오늘부터 여러분들은 새로운 선생님, 새로운 친구들과 1년을 함께 생활하게 됩니다. 올해도 작년과 마찬가지로 ○○초의 주인공은 바로 여러분입니다. 주인공인 여러분이 꿈을 펼칠 수 있도록 여러 선생님과 함께 교장 선생님도 마음을 열어 여러분을 응원하겠습니다.

꿈을 펼치는 20○○학년도를 위해 우리 ○○초 친구들에게 몇 가지 부탁을 하고 싶습니다.

첫째, 자신의 몸과 마음을 사랑하십시오.
코로나라는 엄중한 상황에서 자신의 몸과 마음을 늘 살피길 바랍니다. 자신을 무척 사랑하기 바랍니다.

둘째, 친구들도 사랑하십시오.
친구와 친해지고 싶은 마음에 쳤던 장난이 누군가에게는 폭력이 될 수 있음을 기억해주십시오. 내가 했던 놀림과 욕설이 친구에게는 잊히지 않는 마음의 상처가 될 수 있음을 잊어서는 안 될 것입니다.

셋째, 책을 많이 사랑하십시오.

책 속에는 많은 선생님이 계십니다. 세상 모두가 책이기도 합니다. 학교 생활의 시작을 '책 속에 빠지다(독서몰입시간)'로 운영하는 까닭이 여기에 있습니다. 책은 여러분의 미래입니다. 그리고 책은 여러분의 마음이 건강해질 수 있는 뿌리가 됩니다. 교장 선생님은 여러분의 미래가 빛나도록 많은 책을 준비하겠습니다. 마음의 뿌리를 튼튼히 할 수 있고 생각을 나눌 수 있도록 늘 지원하고 응원하겠습니다.

올해 1년 동안 여러분의 학교생활이 건강하고 행복할 수 있도록 교장 선생님과 ○○초 선생님들은 열과 성을 다해 돕겠습니다. 여러분도 자신을 사랑하고, 친구를 사랑하고, 그리고 책을 사랑하는 한 해가 되길 바랍니다. 선생님과 친구들이 하나가 되어 자랑스러운 ○○초를 함께 만들어 갑시다. 감사합니다.

혼
자   께
함
☹   ☺
가
면
↙ ? ↘
빨   멀
리   리
☹   ☺
가   간
고   다

출처 : 아프리카 속담 中에서

1장.

입학식

신입생을 만남

○○초 입학식 축사(코믹 버전)

입학생 여러분 반갑습니다. 저는 여러분을 축하하러 나온 ○○초등학교 교장, 이성주 선생님입니다.

저는 오늘 입학생 여러분께 축하하는 이야기, 부탁하는 이야기, 무서운 이야기, 토할 거 같은 이야기도 준비했습니다.

어떤 이야기부터 전할까요? 그럼 무서운 이야기부터 잘 들어보세요.

무서운 이야기

귀를 쫑긋하고 대신 가슴을 꼭 잡고 잘 들어야 할 거예요. '월, 화, 수, (   ), 금, 토, 일.' 뭐가 없나요? '목.' 목이 없지요?

지저분한 이야기

이번엔 좀 토할 거 같은 이야기니까 미리 오른손으로 입을 꼭 막고 들어줘야 합니다. 조심히 꼭 다물고 들어주세요. '월, 화, 수, 목, 금.' 다음엔 뭐 할 거 같나요. '토.' 토할 거 같지요?

축하 이야기

신입생 여러분, 부산에 300개가 넘는 초등학교가 있습니다. 우리 학교는 착한 형님, 누나들과 멋진 선생님이 많은 아름다운 ○○초등학교입니다. 이런 학교에 입학한 것을 정말로 축하합니다.

부탁 이야기

마지막으로 부탁의 말을 잘 들어주길 바랍니다.

첫째, 친구들과 싸우지 않고 사이좋게 지내기.

둘째, 선생님 말씀을 귀담아듣기.

셋째, 부모님께서 시키지 않아도 밥 잘 먹기, 양치 꼭 하기, 흐르는 물에 손 잘 씻기.

지금까지 저는 코로나로 웃음을 잃지 말자고 몇 가지 이야기를 전해드 렸습니다. 코로나를 잘 이겨내자고 세 가지를 부탁드렸습니다. 잘 지켜주 기 바랍니다.

마지막으로 교감 선생님, 교무 선생님, 1학년 선생님 모두 애쓰셨습니 다. 한 해 잘 부탁드립니다. 감사합니다.

학생들의 개학을 염원하는 선생님들의 마음을 담았습니다.

입학생 여러분, 사랑합니다!

1학년 신입생 여러분, 오늘부터 초등학생이 되었습니다. 뭐가 달라졌을까요?

이젠 유치원 다닐 때와 달라진 게 많을 겁니다.

첫째는 아침 일찍 일어나야 합니다.

스스로 일찍 일어나서 이불도 개고, 가방도 챙겨서 학교 갈 준비를 잘해야 합니다.

둘째는 이젠 학교 가는 길이 멀어졌습니다.

여러분의 세상이 넓어진다는 뜻이랍니다. 등굣길에 차를 조심하고, 하굣길에도 한눈팔지 말고 안전하게 다니길 바랍니다.

셋째는 유치원 다닐 때보다 많은 사람을 만납니다.

친구들과 사이좋게 지내고, 고운 말을 써야 합니다. 2, 3, 4, 5, 6학년 선배님들의 좋은 점을 많이 보고 따라 하길 바랍니다.

오늘 고사리 같은 손을 잡고 함께 입학식에 오신 보호자님!

딱, 1가지만 부탁드려봅니다. 좀 느리게 기다려봅시다.

댁의 귀한 자녀가 첫째 아이든, 둘째 아이든 매번 설레기도 하고 떨리기도 하시리라 봅니다. 설렘이 과하면 자녀가 힘듭니다. 두려움이 과하면 '헬리콥터맘'이 되어 자녀가 더욱 힘들 수 있습니다. 자녀는 며칠 전까지 유치원생이었을 뿐입니다. 느림의 미학이나 기다림의 미학은 자녀를 좀 더 멀리 성장하게 합니다.

저희 ○○초 교직원 모두는 귀 자녀가 6년 동안 '꽃과 노래와 웃음이 있는 학교'에서 멀리 성장하도록 땀과 애태움을 갖고 노력하겠습니다.

입학생 여러분, 축하드립니다!

 1학년 신입생 여러분, 오늘부터 초등학생이 되었습니다. 아직 유치원생이 되고 싶나요? 초등학생은 어떻게 달라져야 할까요?

 첫째, 스스로 챙길 줄 알아야 합니다.
 처음에는 어른들의 도움을 받겠지만, 학교 갈 때는 스스로 준비물도 챙기고 집에 돌아오면 스스로 손발을 씻을 줄 알아야 합니다.

 둘째, 안전하게 생활해야 합니다.
 등굣길에 차를 조심하고, 하굣길에도 한눈팔지 않고 안전하게 다니길 바랍니다. 선생님이 하시는 말씀을 잘 들으면 안전한 학교생활을 할 수 있습니다.

 셋째, 친구들과 사이좋게 지내야 합니다.
 서로에게 고운 말을 써야 합니다. 친구들을 도와가면서 예의를 지켜야 합니다.

 교장 선생님은 여러분을 믿습니다. 여러분을 따뜻한 사랑으로 이끌어 줄 선생님들이 계시고, 늘 응원해주시는 고마운 가족들이 함께하기 때문입니다.

　1학년 여러분의 초등학교 입학을 다시 한번 축하합니다. 감사합니다.

20○○신입생 축하인사

○○초 신입생 여러분

입학을 진심으로 축하합니다. 저는 ○○초 교장 이성주 선생님입니다(훈화대 은닉한 펭수 입기).

오늘 교장 선생님은 여러분께 수수께끼를 내볼게요.

첫째, 한 글자로 된 낱말 중 '제일 아름다운 한 글자'는?

저는 '꿈'이라는 말이 아름답습니다. ○○초 신입생 여러분은 1학년 때 이런 꿈을 실천해보세요. 엄마가 깨우지 않아도 스스로 일어나서 이부자리를 정리하는 꿈, 아빠가 양치질하라 하지 않아도 스스로 양치질하는 꿈, 선생님이 시키지 않아도 골고루 먹는 꿈을 실천하는 것입니다.

둘째, 두 글자로 된 낱말 중 '제일 아름다운 두 글자'는?

저는 '사랑'이라는 말이 아름답습니다. ○○초 신입생 여러분은 이런 사랑을 실천해보세요. 동생이 목마르다고 하면 물을 챙겨주는 가족사랑, 친구에게 욕설을 하지 않고 고운 말만 쓰는 친구사랑을 실천해보세요. 선생님을 사랑하는 방법은 선생님 말씀을 귀담아듣고 약속을 지키는 것입니다.

초보 글쟁이 성주쌤의 미래교육 이야기

셋째, 세 글자로 된 낱말 중 '제일 아름다운 세 글자'는 뭘까요?

힌트를 드릴게요. 모두 자신의 이름을 크게 외쳐보세요. '여러분의 이름 세 글자'가 제일 아름답습니다. ○○초 신입생 여러분은 ○○초에서 제일 아름다운 사람입니다. 제일 소중한 사람입니다. ○○초의 모든 선생님과 형님 누나, 언니 오빠들이 여러분을 소중히 여기겠습니다.

그래서 ○○초 신입생 여러분이 '꿈'을 갖고, '사랑'을 실천하며, '모두가' 소중한 사람으로 성장하도록 응원하겠습니다.

감사합니다.

신입생 소집의 날, 학부모님께!

반갑습니다.

20○○학년도 ○○초 교육 가족이 되신 여러분, 오늘 저는 여러분과 함께 설렘 가득한 하루를 맞이하고 싶습니다. 설렘 가득한 마음을 담아 학부모님 등 보호자 분들께 3가지 부탁을 드리고자 합니다.

첫째, 혼자 가면 빨리 가고, 함께 가면 멀리 간다는 진리에 귀 기울이기 바랍니다.

학부모님을 비롯한 보호자님 모두가 교육의 동반자이십니다. 아프리카 속담에는 한 아이를 키우는 데 온 마을이 필요하다는 속담이 있습니다. 행여 맞벌이 때문에 학교행사에 마음만을 보태주시는 것도 큰 힘이 됩니다. 학교행사에 동참하지 못하는 보호자님, 걱정하지 마시고 자녀에게 말하십시오. "기죽지 말고, 감사하며 살아라. 훗날 너도 남을 도울 기회가 되면 그때 맘껏 봉사하면 된단다"라고 격려와 응원을 부탁합니다.

둘째, 꿈을 그리는 자는 꿈을 닮아간다는 말에도 귀 기울이십시오.

한국의 부모님들 중에 더러는, 자녀로 하여금 부모의 꿈을 대신 꾸게 하는 분도 없지 않은 것 같습니다. 자녀는 소중한 인격체로서 그들만의 꿈이 있음을 잊지 마시기 바랍니다.

초보 글쟁이 성주쌤의 미래교육 이야기

마지막으로 자녀교육에 Warm & Firm의 법칙이 있음을 잊지 마십시오. 사람을 대할 때는 Warm하셔야 합니다. 그래야 자녀의 대인관계능력이 성장합니다. 규칙이나 법에 대해서는 Firm하셔야 합니다. 그래야 자녀의 자기관리 역량이 성장합니다. 부모님의 기분에 따라 사람 대하는 온도가 다르고, 규칙을 지키는 냉철함이 달라지면 자녀가 혼란을 겪게 됩니다. 한결같으시길 바랍니다.

여러분의 자녀교육과 ○○초의 학교교육이 절묘한 하모니를 이룰 때, ○○초 학생들은 훗날 역사책에 이름을 남길 것입니다. 저도 언젠가 이 학교를 떠날 때 무엇을 남길까요? 이름을 남겨보려고 합니다. 저는 ○○초 교장, 이성주입니다. 감사합니다.

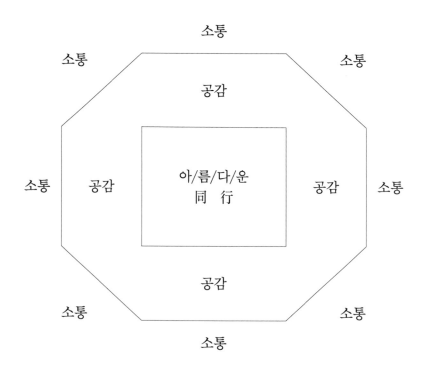

1장

학부모총회

보호자님을 만남

○○ 교육 가족 여러분!

○○ 교육 가족 여러분!

저는 우리 학생들의 맑고 밝은 얼굴을 보면 행복합니다. 아울러 선생님들의 열성과 전문성을 가진 모습에선 제자 사랑을 느낄 수 있어 행복합니다. 무엇보다도 학교 일을 열성적으로 도와주시고 참여하시는 보호자님의 모습에 감동을 받습니다. 그래서 저는 우리 ○○ 교육 가족 모두가 참 자랑스럽습니다.

남은 기간 동안도 변함없이 다음과 같이 함께 노력하겠습니다.

첫째, 행동으로 보이겠습니다.

학생을 사랑하고, 선생님을 존중하며, 보호자님을 믿음으로 대하여 ○○ 교육 가족이 하나의 공동체임을 행동으로 보이겠습니다.

둘째, 지원하겠습니다.

학생은 '바른 품성과 조화로운 능력'을, 선생님은 '따뜻한 사랑과 열정'을, 보호자님은 '참여와 만족'을 ○○ 교육의 지표로 삼고 제대로 된 교육을 지원하겠습니다.

초보 글쟁이 성주쌤의 미래교육 이야기

셋째, 청결하겠습니다.

청렴한 ○○초 학교문화를 이어 나가겠습니다.

오늘 학교방문의 날, 실시 예정인 청렴연수 부분을 지금 대신할까 합니다. 이 점은 시간의 효율적 활용을 위한 방법입니다.

이미 오래전부터 청렴은 머리가 아닌 행동으로, 나 혼자만이 아닌 ○○ 가족 모두가 실천하고 있는 과제이고, 이미 정착단계에 이르렀습니다.

마지막으로 오늘은 문화가 함께하는 특별한 연수가 마련되어 있고, 경품이 준비되어 있사오니 끝까지 함께 즐겨주시기 바랍니다. 다시 한번 감사의 인사를 드립니다. 감사합니다.

○○초 교육 가족, 드높은 삶을 위하여!

　올해는 코로나로 인해 대면 학부모총회를 하지 못하고 이렇게 zoom으로 총회를 하게 되었습니다. 직접 만나 뵙고 인사드려야 하는데 화면으로 하게 되어 송구한 마음입니다. 하지만 제가 화면발이 실물보다 좀 나아서 다행이기도 합니다. 다음에 실물 보고 놀라지 마시기 바랍니다.

　코로나는 우리의 일상을 많이 바꾸어놓았는데, 그중에서 학생들이 집에 있는 시간이 많다 보니 어머니들의 잔소리 양이 급증한 것도 큰 변화인 것 같습니다. '전 세계 어머니 아버지들의 노래'라는 영상을 잠시 시청하겠습니다.

(동영상 시청)

　나라는 달라도 전 세계 어머니들의 잔소리 내용은 큰 차이가 없는 것 같습니다. 또 하나, 나라는 달라도 어머니한테 교육을 맡기고 아버지들은 딱히 하는 게 없는 것도 유사한 것 같습니다.

　제가 웃으며 이야기를 했지만 보호자님의 노고는 헤아리기 힘들 정도입니다. 지금 이 순간이라도 조금 위로받길 바라며 스스로에게 '토닥토닥, 잘하고 있어. 넌 참 대견해.'라고 스스로를 쓰담쓰담 해주시면 좋겠습니다.

　학부모님 등 여러 보호자님의 삶의 질이 더 높아지도록 노력하겠습니다. 최선을 다하겠습니다. 저의 이런 의지에 공감한다면 열심히 하라고 박수 한 번 보내주시기 바랍니다.

'한 아이를 키우려면 온 마을이 필요하다'라는 아프리카 속담처럼 ○○초 교육 가족의 문화가 더 나아지고, ○○초 교육 가족의 삶의 질이 드높아지도록 아낌없이 성원해주시고 동참해주시길 부탁드립니다.

긴 이야기 들어주셔서 감사합니다.

보호자님께 드리는 희망사항!

코로나의 특별한 상황이지만 따뜻한 봄 날씨에 목련도, 매화도 개나리도 학교 곳곳에서 어김없이 피었습니다. 무엇보다도 본교 교정에는 제일 아름다운 꽃, ○○초 학생들의 웃음꽃이 피어날 것입니다.

본교는 '튼튼하고 생각이 바르며 제 실력을 갖춘 자랑스러운 한국 어린이'가 되도록 가르치고 배우는 곳입니다. 우리 ○○초등학교 학생들의 모습 속에서 미래의 큰 꿈을 보았습니다. 선생님들의 열정과 전문성에서 학생 사랑을 볼 수 있었습니다. 그래서 저는 ○○ 교육 가족 일원이 된 것이 참으로 자랑스럽습니다.

자녀교육을 위한 3가지 희망사항입니다.
첫째, 1일 1문입니다.
등교하는 자녀에게 선생님 말씀 잘 들으라는 말씀과 함께 궁금한 걸 꼭 1가지씩 질문토록 부탁해주십시오.

둘째, 1일 1선입니다.
하교하는 자녀에게 오늘 어느 친구에게 착한 일을 했느냐고 물어주십시오.

초보 글쟁이 성주쌤의 미래교육 이야기

셋째, 1일 1책입니다.

하루 1편의 글을 꼭 읽게 하여 주십시오.

이 시간 이후 이어지는 보호자님들을 위해 준비한 연수들이 보호자님과 자녀를 위한 뜻깊은 시간이 되기를 바랍니다.

감사합니다.

보호자님, THE 사랑하십시오

요즘 날씨가 무척 좋지요. 저는 무딘 편인데도 설렙니다. 요즘 봄꽃들도 무척 아름답지요. 아름다운 세상에서 ○○초 교육 가족 모두가 VIP가 될 수 있도록 최선을 다하겠습니다. '학생은 꿈(Vision)을, 보호자는 감동(Impression)을, 선생님은 열정(Passion)을 가진 ○○초등학교'를 만들어가기 위해 최선을 다하는 꿈을 현실로 실천하겠습니다.

아울러 3가지 부탁 말씀을 드리고자 합니다.

첫째, 보호자님, 스스로를 사랑하십시오.
매우 사랑하십시오. 자신을 존중하는 것이 내 삶의 출발점이기 때문입니다.

둘째, 보호자님, 자녀를 사랑하십시오.
너무 많이 사랑하지 말고, 알맞게 사랑하십시오. 자녀는 넘치는 사랑보다, 숨 가쁘지 않을 만큼의 사랑을 원하기 때문입니다.

셋째, 보호자님, 이 세상을 사랑하십시오.
세상을 향한 부모님의 따뜻한 사랑은 아름답습니다. 섬김, 베풂, 나눔

　　　　　　　　　　　초보 글쟁이 성주쌤의 미래교육 이야기

을 실천하는 부모님의 등짝을 보고 자녀가 자라기 때문입니다.

　항상　○○초 교육 가족 여러분의 가정에 행복과 평안이 가득하시기를 바랍니다. 감사합니다.

20○○ ○○초 신입생 보호자님께!

저에게 주어진 10분, 텐미니츠를 소중히 여깁니다. 진심을 담아서 자녀 교육 이야기를 3가지로 줄여서 전하고자 합니다.

첫째, 비교하지 마세요.

친구와 비교하지 마십시오. 자립심 대신 경쟁심만 키웁니다. 형제자매를 비교하지 마십시오. 우애 대신 질투심만 키웁니다. 꼭 비교하고 싶으시면 어제와 오늘을 비교하십시오. 조금의 변화에도 감사함을 배웁니다. 변화가 안 보이면 어떻습니까? 소중한 것은 눈에 잘 보이지 않는다고 『어린 왕자』에 적혀 있더군요.

둘째, 서두르지 마십시오.

금방 자라는 식물은 비바람에 약하더군요. 여러분이 40여 년 사셨지만 세상 이치를 다 아시겠던가요? 지금의 배우자가 철이 없든지, 눈치가 부족하진 않던가요? 세상엔 정답도 없듯이 기다려 보는 겁니다. 기다린 만큼 오래 성장할 겁니다. 믿어보는 겁니다. 믿어준 그만큼만 자랄 겁니다.

셋째, 두려워 마십시오.

옆집 아이가 영어학원 가니까 학원 보내고, 앞집 아이가 태권도 배우니

　　　　　　　　초보 글쟁이 성주쌤의 미래교육 이야기

까 도장 보내는 현실입니다. 자녀는 언제 숨 좀 쉬겠습니까? 개콘에서 유행했었지요. 소는 누가 키우냐고? 학원 대신 자녀와 같이 서점에 가서 책을 고르십시오. 테이크아웃 커피잔 대신 책 한 권 들고 다니십시오. 수다 또한 행복이라지만 더러는 자녀 앞에서 수다 대신에 책 읽는 모습 보여주시지요. 아이는 들은 대로 자라지 않고, 본 대로 자랄 가능성이 훨씬 높기 때문입니다.

저는 지금까지 비교하지도, 서두르지도, 두려워하지도 마시라고 강조했습니다. 마치 방목을 하란 말 같군요. 자녀교육에 정답은 없고, 해답만 있다고 마무리하기엔 진심을 더 담고 싶었습니다. 비교한다고, 서두른다고, 두려워한다고 자녀가 바르게 성장할 일은 없습니다.

자녀를 친구와 비교하지 말고 더불어 살게 합시다. 대인관계능력이 좋아져서 주변에 친구가 많은 부자가 되겠지요.

서두르지 말고 기다림의 미학을 실천해봅시다. 자라는 시기도 속도도 다른데 다그치면 자존감만 떨어집니다. 소중한 자존감을 가지면 자기관리능력이 움터 세상 향해 한 발짝씩 나아갈 겁니다. 걸어간 만큼이 자녀의 성장이고, 자녀의 세상이 됩니다.

두려워 마시고 분명한 자녀교육 철학으로 소신을 가지십시오. 굳이 철학을 바라지 않습니다. 책 읽는 모습, 세상을 사랑하시는 모습을 보이시면 됩니다. 맞벌이라서 학교 자주 못 가니 덜 사랑받을까 두려워 마십시오. 믿고 맡기시면 됩니다. 그게 ○○초라는 것을 보여드리겠습니다.

감사합니다.

= I See You (VS) I. C. U. =

I. C. U.?

★ 1·2학년 여러분, Inline Skate에 도전해 보아요!

★ 3·4학년 여러분, 암벽등반(Climbing)으로
   모험심을 길러 보아요!!

★ 5·6학년 여러분, 남다른 외발자전거(Unicycle)로
   세상을 향해 달려 보아요!!!

"간 곳만큼이 여러분의 세상입니다."

◆ 상기의 I. C. U. 프로그램은 대상 학년과 종목 간의 적합성, 예시 종목이 갖는 여타의 종목에
   대한 상대적 우월성 여부 등을 검증받은 프로그램은 아님을 밝힙니다.

방학식

방학을 맞음

만남, 나눔, 다움!

○○ 어린이 여러분, 반갑습니다. 참으로 오랜만에 화상으로 뵙는군요. 오늘 여러분에게 하고픈 말은 만(남)나(눔)다(움)입니다.

첫째 이야기는 '만남'에 대하여 말씀드리겠습니다.

1. (책과 만남) 우선 책과의 만남입니다. 집에 있는 책, 서점에 있는 책, 학교에 있는 책을 매일 만나십시오. 학교 도서관은 개방하지 않지만 학교에 있는 전자도서 5백만 원어치 분량을 언제든지 읽을 수 있습니다. 몇 권을 읽어라, 몇 분 이상 읽어라 말씀 대신에 '매일 만남'을 가지라는 부탁을 드립니다.

2. (첫 만남) 여태 한번도 해보지 못한 체험에 도전하는 아름다운 만남도 꼭 필요합니다. 첫 체험으로 암벽등반, 자전거, 인라인스케이트 등 육체적 체험이나 웹툰 그리기, 바둑 등 지적, 정서적 체험을 해보세요.

3. (익숙한 만남) 더욱 중요한 만남은 내가 잘할 수 있는 것, 즐겁게 할 수 있는 체험에 '올인'해보세요. 그건 나의 미래가 되고, 꿈이 되고, 결국 현실이 될 수 있기에 나의 진로가 됩니다.

둘째 이야기는 '나눔'에 대하여 말씀드리겠습니다.

1. (1일 1책) 책과의 나눔은 책을 펼치기 전 제목만 읽고서 상상하고, 책

을 읽는 중엔 주인공과 생각을 나누고, 책을 읽은 후에는 가족과 이야기를 나눠도 좋습니다.

2. (1일 1선) 가정에서는 가족을 위해 재능을 나눠보세요. 수저 놓기, 설거지하기, 이불 개기, 신발 정리하기 등 어느 한 역할을 방학 내내 실천해보세요.

3. (1일 1통) 코로나로 인해 만남이 제한된 방학 동안에 친구나 친지에게 1일 1통 전화로 이야기를 나눠보세요.

셋째 이야기는 '다움'에 대하여 말씀드리겠습니다.

1. (○○다움 1) 저는 언택트 학예제를 준비하시는 선생님들의 열정, ○○ 학생들의 다양한 형형색색의 꿈과 끼, ○○ 보호자님의 관심과 격려를 보면서 우리 모두가 ○○ 가족답다는 한없는 자긍심을 느꼈습니다.

2. (○○다움 2) 6학년의 졸업앨범에 드론 촬영 동영상이 첨부된 QR코드를 담는다고 합니다. 드넓은 세상으로 향하는 졸업생들에게 높이 날고 멀리 보라는 메시지 같아 한없는 동료애를 느꼈습니다.

3. (○○다움 3) 새해부터는 교육과정에 암벽등반, 외발자전거 타기 등 도전과 모험 프로그램을 도입하여 남다른 ○○초, 색다른 ○○초로 희망을 노래하고자 합니다.

코로나로 인해 특별한 겨울방학이 될 테지만 멈추거나 움츠리지 마십시오. 전자책을 만나고, 가족을 위해 1일 1선 재능을 나누며, 여태 한번도 체험하지 않은 것에 도전하는 ○○ 학생답기를 바랍니다. 또한 믿습니다. 그리고 응원하겠습니다.

<pre>
                         사

                         랑

                         은

                         ♥

낮   왜   를

은   지

        곳   에   있   는
</pre>

출처 : 「가을엽서」(안도현) 中에서

초보 글쟁이 성주쌤의 미래교육 이야기

1장

운동회

운동회를 맞음

○○ 한마음 운동회 개회사

오늘 운동회 3가지 소망은 '맘껏, 힘껏, 양심껏 하라'입니다.

첫째는 '맘껏' 즐겨봅시다.

여러분의 담임, 여러분이 속한 동 학년 선생님들이 의미와 재미를 더하는 프로그램을 준비하셨기에 즐기면 됩니다. 단체 경기에서 졌다고 고개 숙이지 말고 이긴 팀에게 쿨하게 박수 쳐주면서 즐겨봅시다.

둘째는 '힘껏' 달려봅시다.

달리기 1등 한다고 대충 뛰는 사람보다, 꼴등일지라도 끝까지 달린 사람에게 박수칠 준비가 돼 있습니다. ○○초에는 3금법(3禁法)이 있습니다. 3금법은 복도 뛰지 않기, 펜스 넘지 않기, 금지구역 출입 않기 등입니다. 운동회 이후 3금법을 적용할 것입니다. 3금법을 지키기 위해 1%의 힘만 남기고 오늘 에너지 모두를 발산하여도 좋습니다.

셋째는 '양심껏' 행동합시다.

바깥 신발 신고 화장실 그대로 가는 것 등, 누군가 보고 있지 않더라도 나의 양심에 어긋나는 일은 하지 맙시다. 펄럭이는 만국기를 보고 글로벌 리더가 되길 바라는 마음으로 만국기를 이번 금요일까지 그대로 둘 것입니다. 절대 만국기를 훼손하지 맙시다.

그럼 마지막으로 구호를 외치면서 마치겠습니다.

맘껏(선창) 즐기자(후창).
힘껏(선창) 달리자(후창).
양심껏(선창) 행하자(후창).

마지막 인사는 영어로 드립니다. Thank you!

○○ 한마음 운동회 폐회사

하늘이 열리는 개천절이 있는 10월의 맑은 하늘 아래 함께 한 ○○ 가족 한마음 운동회를 마무리할 시간입니다.

학생 여러분, ○○ 교육 가족 여러분!

1. 맘껏, 즐겼습니까?
2. 힘껏, 달렸습니까?
3. 양심껏, 행동했습니까?

오늘 운동회 구호처럼, 여러분의 앞날도 맘껏 즐기는 날, 힘껏 달리는 날, 양심껏 행동하시는 날들이 되길 바랍니다.

모든 ○○ 교육 가족 여러분께 감사드립니다.

오늘 작별 인사는 영어로 드립니다. Good bye!

(참고) 개회사: 끝인사 "땡큐" / 폐회사: 끝인사 "굿바이"

1장

학예회

학예회를 맞음

네모동이 학예회

우연히 안도현 시인의 「가을 엽서」라는 시를 읽어보았습니다. 안도현 시인은 '세상에 나누어 줄 것이 많아 낙엽은 자꾸 내려앉는 것'이라고 했더군요. 오늘 이 자리도 학예회라 이름을 지었지만, 나눔의 자리가 아닐까 생각합니다. 그것이 재능의 나눔이 될 수도 있고, 이야기를 나누는 것일 수도 있고, 말이 없어도 눈빛으로 공감을 하는 자리일 수도 있을 것입니다.

제겐 감사의 마음을 나누는 자리입니다.

우선, 교직원 분들께 감사의 마음을 전합니다.

행사를 총괄하시는 교감 선생님, 업무의 계획부터 실천까지 바쁘셨던 김○○ 선생님, 프로그램을 맡아주셨던 여러 담임 선생님, 돌봄전담사님, 방과후학교 강사님 그리고 무엇보다도 재정적 지원을 아끼지 않으시고 플랜카드, 배경 그림 등을 게시하는 위험을 무릅쓰시는 행정실 여러 동료님 모두 감사합니다.

그리고 보호자님 감사합니다.

박○○ 학부모회 회장님을 비롯한 많은 어머니께서 POP 글씨로 재능을 기부해주셨습니다. 무엇보다도 바쁜 일과 중에 애써 시간 내시어 이 자리를 빛내주신 보호자님께도 감사합니다. 행여 이 자리에 참석하지 못하셨어도 마음만큼은 아들딸들을 누구보다 사랑하시는 마음을 알기에 더욱 위로와 감사의 뜻을 전해드립니다.

마지막으로 학생 여러분 정말 감사합니다.

하나의 작품이 만들어지기까지는 많은 시간과 노력이 필요합니다. 그동안 노력해왔던 만큼 오늘은 실수가 두렵다는 생각보다는 학예회를 즐겼으면 합니다. 학생 여러분이 무대에서 즐겨야 이 자리에 계신 모든 관객 여러분들도 즐거울 것입니다.

그동안 수고하신 여러 선생님들, 지원을 아끼지 않으신 여러 보호자님들, 그리고 작품 만든다고 애쓴 학생 여러분, 오늘 이 자리를 빌어서 감사의 마음을 전합니다. 맘껏 즐기시는 하루가 되시기 바랍니다.

○○초 관현악부, 학생예술문화회관 특별출연

저희 학교는 꽃과 노래와 웃음이 있는 학교입니다. 4계절 철 따라 꽃이 피고, 잔디 운동장이 있어 아름다운 학교입니다. 까치를 닮은 교복을 입은 학생들이 더 자랑스러운 학교입니다.

코로나 상황에서도 ○○초 선생님들의 땀과 애태움으로 학생들은 등굣길 굿모닝 음악회, 문화예술콘텐츠 대회, 언택트 학예회, 마술 버블 공연 등을 통해 보호자, 지역사회 주민 등 모두가 다 함께 문화를 향유하고 즐거움을 추구하였습니다.

뿐만 아니라 1, 2학년은 Inline스케이트, 3, 4학년은 Climbing(암벽등반), 5, 6학년은 Unicycle(외발자전거)을 도전하는 I.C.U. 프로그램으로 웃음소리 가득한 학교입니다. ○○초 학생들은 다양한 체육활동을 통해 내가 할 수 있는 세상이 드넓음을 알아가고 있습니다. 도전한 만큼이 내 세상이 됨을 가슴으로 느끼고 있습니다.

오늘 꽃과 노래와 웃음이 있는 ○○초에서 관현악부의 공연을 펼칠 수 있어 참으로 기쁩니다.

음악을 사랑하는 단원 여러분, 공연을 참관하시는 교육 가족 여러분, 행복하고 즐거운 시간 되시길 바랍니다. ○○초 관현악부 단원들이 신나게 연주할 수 있도록 큰 응원 부탁드립니다.

　감사합니다.

○○ 꿈나무 음악회를 축하합니다

봄꽃보다 아름답다는 가을 낙엽이 한창입니다. 이렇게 아름다운 계절에 아름다운 무대 '○○ 꿈나무 음악회'를 열게 되어 무척 기쁩니다.

○○ 교육 가족 여러분!

○○ 가족의 한사람으로서 3가지 말씀을 드리고자 합니다.

첫째, 감사의 말씀을 드립니다.

코로나 상황에서도 틈틈이 연습하여 굿모닝 음악회, 교생 선생님 환영 공연, 오늘의 ○○ 음악회까지 멋진 모습을 보아왔습니다. 관현악부, 중창부원 여러분이 자랑스럽습니다. 감사합니다.

둘째, 부탁의 말씀을 드리고자 합니다.

중창부, 관현악부 단원 여러분! 틀리면 어쩌나 걱정 말고 무대를 찢어놓으십시오. 김○○ 교감 선생님, 김○○ 선생님, 김○○ 선생님 그리고 지도 강사 선생님! 틀리면 어쩌나 걱정 마시고 오늘 이 시간만큼은 즐겨주십시오. 혹 실수한다면 그건 더 채울 공간이 있다는 뜻이고, 더 채울 시간이 있다는 뜻입니다. 단원을 믿어주시고, 오늘만은 모처럼 웃고 즐기시란 뜻입니다.

보호자님, 보호자 친지 여러분! '누가 누가 잘하나?' 비교하지 마십시오.

초보 글쟁이 성주쌤의 미래교육 이야기

꼭 비교하시려거든 어제보다 성장한 오늘을 비교하시고 맘껏 즐기십시오.

셋째, 약속의 말씀을 드리겠습니다.

학교 예산이 부족하지만 모든 ○○ 학생들에게 독서대를 선물했습니다. 코로나 상황이지만 1인 1가족 참관을 결정했습니다. 제가 간이 작은데 어쩔 땐 간땡이(?)가 커집니다. 내년에도 문화예술에 예산을 팍팍 지원하고, 코로나보다 더 큰 Nom이 와도 문화예술 단디(?) 지원하겠습니다. 약속을 꼭 지키겠습니다.

여러분, 감사합니다.

언/택/트/ 학예제, 축하합니다

사랑하는 ○○ 가족 여러분, 차가워지는 날씨를 보니 이제 겨울이 다가오고 20○○년도 저물어가는 것 같습니다. 20○○년은 코로나 상황 속에서도 ○○ 어린이들이 즐겁게 학교생활을 할 수 있도록 많은 노력을 한 해입니다.

예전의 ○○ 종합학예제는 그랜드홀에서 한 학급이 하나의 작품을 꾸며서 무대에 섰습니다. 올해도 코로나가 아직 종료되지 않았음을 고려하여, 비접촉 언/택/트/로 진행됩니다. 하지만 이러한 상황이 오히려 학생들이 본인이 잘하는 것이 무엇인지를 고민해보는 시간이 되고, 그리고 미래의 내 모습에 한 발짝 다가가는 좋은 시간이 되리라 믿어 의심치 않습니다.

학예제를 준비하며 학생들이 가정에서 부모님과 함께 어떤 것을 해볼지 고민하고 연습하여 함께 촬영하는 시간 동안 가정에서 웃음꽃이 피고, '네가 좋아하는 것은 이것이었구나!'하며 서로 격려해줄 수 있는 좋은 시간이 되시기를 기대해봅니다.

○○의 선생님들 모두는 ○○에서 하루하루 우리 아이들의 마음이 행복하고 밝게 성장해나갈 수 있도록 앞으로도 꾸준히 노력하겠습니다.

초보 글쟁이 성주쌤의 미래교육 이야기

학예제 초대장, 여/러/분/을/ 초/대/합/니/다

한 잎 두 잎 나뭇잎이 낮은 곳으로 자꾸 내려앉습니다.

세상에 나누어줄 것이 많다는 듯이

··· (중간 생략) ···

그대여 가을 저녁 한때 낙엽이 지거든 물어보십시오.

사랑은 왜 낮은 곳에 있는지를.

어느 시인은 낙엽을 보고도 나눔을 생각하고 사랑을 느꼈더군요. 가을의 끝자락을 부여잡고 싶은 12월에 ○○ 어린이들은 '전시부'와 '동영상부'를 통해서 나눔을 실천하려 합니다. 아울러 '공연부'를 마련하여 사랑을 전하려고 합니다.

한 해를 정리하고 새 희망을 노래하는 '20○○년 ○○ 종합학예제'를 통하여 한 해 동안 갈고 닦은 꿈과 끼를 각양각색의 빛깔로 마음껏 뽐내려 합니다.

바쁘시더라도 부디 귀한 발걸음 하셔서 '○○ 종합학예제'를 따스한 나눔과 사랑으로 함께하시길 기원합니다.

설렘은 열정으로!

두려움은 자기 성찰로!!

1장

각종 행사

여름학교, 교생 환영식, 전입교사 환영식,
만남의 날, 방과후학교 강사 연수

아름다운 추억이 머무는 곳, 여름학교

○○초등학교 어린이 여러분, 반갑습니다.

3월 2일 새 학년을 시작한 지가 엊그제 같은데 벌써 1학기를 마무리하며 여름방학을 눈앞에 두고 있습니다. 우리 학교에서는 여름방학을 앞두고 1학기를 마무리하며 추억을 만드는 여름학교 행사를 하지요.

'여름학교'하면 무엇이 떠오르나요?

교장 선생님은 장기자랑, 1박 2일, 친구가 떠오릅니다. 2019년까지는 학교에서 늦은 저녁까지 장기자랑을 하였습니다. 아주 오래전에는 1박 2일로 여름학교를 한 적도 있었습니다. 그땐 친구들과 놀이를 하면서 하룻밤을 지냈기 때문입니다. 아직 코로나가 끝나지 않았지만, 올해는 방역수칙을 잘 지키면서 즐거운 여름학교를 치렀으면 합니다.

여름학교는 무엇을 하는 시간일까요?

먼저, 여름학교는 한 학기를 추억하는 시간입니다.

한 학기 동안 사랑을 베푼 가족들, 함께 공부했던 친구들, 즐거움과 깨달음을 주신 고마운 선생님과의 추억을 되돌아보는 의미가 있습니다.

초보 글쟁이 성주쌤의 미래교육 이야기

둘째, 여름학교는 여름방학을 계획하는 시간입니다.

여름방학 때 하고 싶은 일을 생각해보고, 바른 생활, 슬기로운 생활, 즐거운 생활을 계획하는 의미가 담겨 있습니다.

셋째, 여름학교는 장래의 꿈을 약속하는 시간입니다.

'나의 진정한 꿈은 무엇인지, 친구의 꿈은 무엇인지?' 이야기를 나누고, 나의 꿈과 친구의 꿈이 이뤄지길 우리 모두가 함께 약속하는 시간이 바로 여름학교입니다.

부디 ○○초 모든 친구들이 여름학교를 통해서, 1학기를 추억하는 시간, 여름방학을 계획하는 시간, 우리들의 꿈을 약속하는 시간이 되길 바랍니다. 진정으로 멋진 여름학교가 되리라 믿습니다. 친구와 사이좋게 지내고 협동하며 신나는 여름학교를 만들기 바랍니다. 감사합니다.

환영합니다, 교생 선생님

안녕하십니까?

오늘 ○○교대○○초 교생 선생님 96분을 환영합니다. 인사 말씀에 앞서 환영 공연을 해준 중창부 학생 및 지도 선생님께 감사드립니다. 실습을 앞두고 수업연구에 밤낮으로 매진하신 선생님들께도 감사드립니다.

교육실습에 담는 인사말을 학생, 선생님, 그리고 오늘의 주인공 교생 선생님들에게 전하고자 합니다.

학생 여러분!

교생 선생님과 1주일 동안 즐거움과 깨달음이 함께하는 시간을 보내십시오. 깨달음과 즐거움이 꼭 함께 추억될 수 있도록 노력해주십시오.

선생님 여러분!

우리들은 약속하였습니다. 여러분이 지도한 교생 한 분이 향후 1,000여 명(25명×40년)의 학생을 교육하게 됩니다. 교생을 맞이하기 전 3월 내내 수업을 공개하고, 어떤 수업이 학생의 성장을 돕는 것인지 마라톤 회의를 수없이 하였습니다. 그동안의 노고에 감사드립니다. 사랑하는 후배, 예비교사들이 열정과 투혼을 불사르도록 도와주시길 바랍니다.

초보 글쟁이 성주쌤의 미래교육 이야기

오늘의 중심, 교생 여러분!

교생 선생님, 오늘 아침은 남다른 날이지요. 아마 긴장도 하실 겁니다. 긴장은 달리 표현하면 설렘이 아닐까 싶네요. 설렘 가득한 이번 교육실습이 의미와 재미가 함께하는 참관실습이 되길 바랍니다. 훗날 ○○초에서의 알찬 실습이 오늘의 나를 있게 했다는 말을 스스로에게 할 수 있길 바랍니다. 감사합니다.

반갑습니다, 새 식구가 되신 동료 선생님

오늘 날짜(2. 22.)는 오리(2)가 세 마리 나란히, 도란거리며 헤엄치는 이미지가 연상됩니다. 오리는 헤엄도 칠 수 있고, 걷기도 하고, 날 수도 있는 유일하거나 몇 안 되는 동물이 아닐까 생각됩니다. 마치 ○○인처럼 두루 재능을 보이는구나 생각합니다.

오늘은 새 학기를 맞은 첫날입니다.

새롭게 출발한다는 것에는 설렘도 있고, 두려움도 있습니다. 설렘은 열정의 계기로, 두려움은 자기성찰의 기회로 승화하는 날들 되시길 바라면서 저의 바람을 팀별로 적어봅니다.

4팀 팀원 여러분, 여러분께는 365라는 숫자로 메시지를 드립니다. 지금부터 365일 후 오늘은 이곳에 계시지 않고, 공립의 어느 한 학교에서 설렘과 두려움으로 출발하는 새 학기 준비 주간일 것입니다. 앞으로 남은 365일 동안 많이 베풀어주시고, 잘 이끌어주십시오. 베푼다 함은 만 3년의 경험치를 동료에게 베풀고, 혁신자문위에서 좋은 학교 경영 아이디어를 쏟아내어주시길 바랍니다. 그리고 학년 경영을 업무라 생각하지 마시고, 학교 경영의 일부를 책임진다는 마음으로 자율성과 책무성을 맘껏 발휘하셨으면 합니다.

초보 글쟁이 성주쌤의 미래교육 이야기

3팀 팀원 여러분, 인원수도 많고 개성도 다양한 멤버들이라 기대 또한 큽니다. 왜냐하면 연차별로 다음과 같은 신체적 역할을 생각하기 때문입니다. 4팀은 머리, 3팀은 어깨 역할, 2팀은 허리, 1팀은 팔다리 역할을 하는 게 아닐까 생각합니다. 모름지기 어깨란 외양으로 보아 당당함이 보여야 하고, 짊어질 무게 또한 막중함이 없지 않습니다.

2팀 팀원 여러분, 지난 1년 피지컬로 안 되는 부분은 멘탈로써 버티어왔으리라 봅니다. 모름지기 허리의 역할을 생각할 때 허리가 아프면 온몸이 움직일 수 없듯이, 허리가 작동되지 않으면 팔다리의 역할은 무색해집니다. 거동이 불편하듯이 말입니다.

1팀 팀원 여러분, 아침 교장실에서 말씀드린 설렘과 두려움을 아름답게 승화시키길 바랍니다. 설렘은 열정으로, 두려움은 자기성찰의 기회로 삼으시길 바랍니다.

전입 교사와 함께한 소공동(소통, 공감, 동행)의 날

20○○년 9월 8일, 소공동의 날에 겸손과 열정을 부탁드립니다. 돌이켜 보면 겸손과 열정을 부탁드린 일이 3번 있었습니다.

한번은 1팀 여러분을 처음으로 교장실에서 맞이하는 날이었습니다.

○○에 근무하는 동안 귀하게 어렵게 여길 사람은 교장이 아니라, 학급 의 학생이 첫 번째요, 동 학년의 선생님, 교육실습 때 맞이하는 교생들이 라고 말씀드렸습니다. 그때는 그 이유를 나의 잘잘못을 빠른 속도로 광고 하기 때문이라 했지만, 지금 생각해보면 살아가면서 만나는 귀한 인연이 기에 학생들, 동료 선생님들, 교생들을 소중하게 만나는 건 당연한 것이라 는 생각입니다.

또 한번은 새 학년도 첫 직원 모임 때 교/대/부/초 4불 정신을 강조한 날 입니다. 교만하지 않기, 대충 하지 않기, 부끄럽지 않기, 초심 잃지 않기를 강조했었습니다. 제겐 5년의 ○○YB시절이나 OB시절에 저를 지탱하는 힘 이 되었고, 살아보면서 더욱 소중하게 느껴지는 정신입니다. 앞으로도 ○ ○초 동료 선생님들에게도 제 자신에게도 이 정신을 잊지 않겠습니다.

다른 한번은 솔개가 자신의 발톱과 부리와 털을 바꾸는 영상을 함께 시

초보 글쟁이 성주쌤의 미래교육 이야기

청한 날입니다. 교내수업연구 후반부 심야토론 브레이크 타임 때 연구부장이 공유해주셨던 영상입니다. 기존의 수업, 현재의 내 수업에 고착되지 말고 실험 정신으로 도전하고 탈바꿈하여 수업만큼은 ○○교사가 제일이라는 ○○수업 제일주의를 역설하고 싶었습니다.

오늘 1팀 여러분께 드릴 부탁은, 원팀이 되어주십사 하는 바람입니다.

오늘 저는 우리 학교의 1팀이 되어 한 학기, 반년을 마치고 2학기를 시작하는 9월 초에 마음을 담아봅니다. 생각을 전해봅니다. 언제가 좋을까, 각자 미팅을 하는 게 더 나을까 생각도 하였습니다. 그것이 오늘이고, 팀별 미팅 방식입니다. 학급 경영에 대한 요구, 교육실습생의 민원성 투서, 촘촘하지 않은 교내업무처리 등을 듣거나 접하면서 ○○의 자존심 손상 등 상당한 위기의식을 느끼며 이렇게 자리할 수밖에 없었습니다.

찍 소리도 않는 원팀이 아니라 1팀 팀원 간에 서로 소통하십시오. 팀원의 분위기에 무관심하지 말고 자기 위치에 맞는 역할을 하십시오. 개성이 다른 형제자매가 매사 순조로울 수만은 없지만 순리를 지키십시오. 위아래, 앞뒤 질서를 지켜서 상경하애 정신, 상호 간 존중과 사랑으로 원팀이 되어주십시오. 순리가 깨지면, 민원이나 투서가 계속되면, 원팀이 와해되는 형국이 와서 ○○문화, ○○질서가 깨지면 저는 중대한 조치를 취하겠습니다. 그만큼 소중한 가치가 원팀 스피릿입니다.

그동안 드렸던 메시지 3가지나, 오늘 소공동의 날에 드린 원팀 스피릿은 겸손과 열정으로 ○○질서에 동참해달라는 말씀으로 귀결됩니다. 좀 더 겸손하고, 더욱더 열정을 쏟으셔서 민원은 없고, ○○인으로서 자존감은 더 생기는 2학기가 되도록 거듭나시길 바랍니다.

잘 부탁드립니다. 간절함을 담아 마음 전합니다.

○○초 방과후학교 동료 여러분께!

　방과후학교 강사 선생님, 올해도 함께 ○○초 동료가 되어주셔서 감사합니다. 올해 처음으로 인연을 맺게 된 동료 분께도 환영의 뜻을 전합니다.

　저는 해마다 여러분과의 만남에서 강조한 메시지가 3가지 있습니다.

　첫째는, ○○초 학생들의 꿈입니다.
　오전에는 담임 선생님 가르침 속에 배움을 얻고, 오후에는 강사 선생님의 손길 속에 성장을 한다고 말씀드렸습니다. 올해도 ○○초 학생들의 배움 중심 성장을 위해 진심과 열정을 기대합니다.

　둘째는, ○○초 학생들의 안전입니다.
　우리 학교는 인라인스케이트, 클라이밍, 유니사이클 등 모험 프로그램이 많습니다. 한눈을 팔면 위험한 프로그램들, 안전사고와는 거리가 멀겠지 하는 프로그램까지도 조금의 소홀함이 있으면 안 됩니다. 소중한 생명을 꼭 챙겨주십시오. 꼭 지켜주십시오.

　셋째, ○○초 학생들은 글로벌 리더가 되어야 합니다.
　글로벌 리더란 자연을 생각하고 생태를 존중하는 사람, 타인을 배려하고 공동체 정신을 가진 민주시민입니다. 프로그램을 운영하는 교실에서 쓰레기 분리배출과 뒷정리를 하는 모범을 보여주세요. 학부모 등 보호자님께 출석 여부나 칭찬받을 일, 성장하는 긍정의 메시지를 주십시오. 우리는 상호 신뢰하는 공동체임을 느끼도록 힘써주십시오.

　나의 동료, 방과후학교 강사 선생님! 오후를 책임진 여러분을 신뢰합니다. ○○를 사랑하는 여러분을 존중합니다.
　"여러분, 사랑합니다."

20○○년 겨울을 이기는 봄을 맞아

이성주 드립니다.

1장

한 해를 마무리하며
졸업식, 종업식

○○초 졸업식 회고사

오늘 제13회 ○○초 졸업식을 맞이하는 졸업생 여러분, 그리고 졸업생 뒷바라지에 여념이 없으셨던 부모 친지 여러분께 우선 축하의 말씀을 드립니다.

그리고 오늘 졸업식이 있기까지 6년 동안 담임을 맡으셨던 선생님들과 졸업식을 준비하신 교감 선생님을 비롯한 여러 교직원 분들께 감사드립니다.

저는 여러분과 반년의 만남밖에 갖지 못하였기에 시간이 너무 짧았습니다. 그래서 아쉬움 또한 큽니다. 코로나 때문에 방송으로 졸업식을 대신하니 더욱 아쉽습니다. 그 아쉬움을 달래려고 오늘 조금 긴 이야기를 드릴까 합니다.

첫째, 꿈을 갖자는 메시지입니다.

방향을 잃지 말아야 합니다. 졸업생 여러분, 중학생이 되어서도, 대학생이 되고 성인이 되어서도 '나는 어떤 일을 하는 사람이 되겠다. 나는 그런 일을 꼭 할 수 있는 사람이 될 수 있다.'라는 자신을 위한 꿈, 자신에 대한 믿음을 꼭 간직하며 살았으면 합니다. 그리하여 살아가면서 방향을 잃지 말기 바랍니다. 항해하는 배가 방향을 잃으면 안 되듯, 꿈을 갖고 그 방향으로 항해하기 바랍니다. 혹시나 방향이 바뀌어도 그 또한 꿈을 찾아가는 과정이기에 후회할 필요는 없습니다.

초보 글쟁이 성주쌤의 미래교육 이야기

둘째, 희망을 노래하자는 메시지입니다.

긍정적으로 바라봐야 합니다. 졸업생 여러분, 나는 어리기 때문에 할 수 있는 일이 없다가 아니라, 나는 어리기 때문에 앞으로 할 수 있는 날들이 수없이 많은 것입니다. 나는 가진 게 얼마 없으니, 새로운 것을 가질 때 누릴 수 있는 행복들이 여기저기 있다고 생각하면 됩니다. 다만, 내겐 돈이 없으니 잃어버릴 것도 없다는 생각까지는 바라지 않겠습니다. 그것은 어른인 저도 너무 철학적이라는 생각이 들 정도니까요.

셋째, 땀을 흘리자는 메시지입니다.

도전하지 않고 되는 일은 없습니다. 졸업생 여러분, 세상에 나쁜 개는 없다(TV프로그램 이름)지만, 땀 흘리지 않고 되는 일도 없습니다. 세상에 공짜도 없습니다. 도전하십시오. 때론 모험하세요. 모험까지도 두려워하지 않아야 합니다.

지금까지 저는 졸업생 여러분들에게 아무리 힘들어도 방향을 잃지 말고 꿈을 갖자는 메시지, 불평이나 불만 대신에 긍정적으로 희망을 노래하자는 메시지, 그리고 꿈과 희망을 이루기 위해선 도전하는 태도와 모험까지도 두려워하지 않는 용기, 땀을 흘리며 살자는 메시지로 부탁을 드렸습니다.

오늘 초등학교 졸업식의 영광의 주인공인 졸업생들이 '꿈을 갖자, 희망을 노래하자, 땀을 흘리자'라는 메시지를 가슴에 새겨준다면 정말 감사할 일입니다. 그것이 실천에 옮겨진다면 저는 정말 소중한 시간을 가졌다고 생각합니다.

'친구 한 명 한 명 존중하는 라온'반으로 이끄신 정○○ 선생님, '내 꿈을 향하여 한 걸음 더'라는 학급목표로 애쓰신 이○○ 선생님, '한 사람을 위한 열 걸음보다 열 사람을 위한 한 걸음'이라는 슬로건으로 함께하신 김○○ 선생님, '나를 사랑하고 남을 배려하는 어린이'를 기르자는 캐치프레이즈로 1년을 애쓰신 오○○ 선생님, 다들 감사합니다.

'참 좋은 나, 더 좋은 우리'라는 방향으로 이끄신 임○○ 선생님, '빨리 가는 것보다 올바르게 더불어 가자'라며 공감력을 키우신 김○○ 선생님, '책을 읽고 사람을 읽고 그리하여 세상을 읽어보자'라며 독서를 강조하신 서○○ 선생님, '꿈을 사랑하고 아름다운 생각을 갖자'라고 힘주어 말씀하신 하○○ 선생님, 모두 감사합니다.

마지막으로 졸업생 여러분의 앞날에 꿈과 노래와 땀이 함께하기를 빕니다. 감사합니다.

초보 글쟁이 성주쌤의 미래교육 이야기

종업식 대회사

오늘은 20○○학년도 종업식 날입니다. 종업식에 이어서 졸업식이 이어집니다. 졸업생 여러분에게 하고픈 말은 남겨두고 재학생 여러분에게 몇 가지 말씀을 드릴까 합니다.

종업식을 맞이하여 감사한 일, 미안한 일, 그리고 부탁하는 이야기를 차례로 드리겠습니다.

첫째, 감사한 이야기를 드리고자 합니다.

우선, 여러 선생님께 감사드립니다.

2019학년도 한 해 동안 몸이 안 좋은 선생님도 계셨습니다. 더러는 가족을 잃는 선생님도 계셨습니다. 하지만, 몸과 마음을 추스르고 학교 일에 열정을 보여주셨기에 감사드립니다.

그리고 결혼을 하신 선생님, 몸이 완쾌되신 선생님, 영전을 하신 선생님이나 파견을 가시는 선생님, 새 가족을 맞이하실 엄마 선생님 등 축하드립니다. 무엇보다도 교감 선생님, 수석 선생님께도 감사드립니다. 교장은 외로운 자리인데, 그걸 달래주셨기 때문입니다.

학생 여러분께 감사한 일들을 돌아봅니다.

전교학생회 임원 여러분 현재 자리에서 일어서주십시오. 학급 임원들도 일어서주십시오. 방송부원들도 함께 일어서주시길 바랍니다. 합창부, 합주부 단원들도 일어서주시기 바랍니다. 비록 방송이지만, 각 반에서는 1년 동안 봉사활동을 열심히 해준 친구들에게 감사의 박수를 크게 부탁합니다(수고했습니다. 앉아주십시오). 한 해 동안 더러는 싸움도 있었고, 다 좋을 순 없었지만 큰 사고 없이 한 학년도를 마무리하고 중학교에 진학하는 6학년들, 그리고 한 학년씩 진급하는 재학생들 모두에게도 감사합니다.

둘째, 미안한 이야기를 드립니다.

우선, 20○○. 3. 1. 자로 전학을 가는 친구들께 미안한 마음을 전합니다. 다만, 전학을 가는 학생들은 다음과 같은 생각이 필요할 것입니다. 법을 지키는 행동은 배우는 학생에게 꼭 필요합니다. 원거리 통학에 따른 안전위협은 누구도 방해해서는 안 되기에 가까운 학교를 가는 게 옳은 일입니다. 다만, ○○초 학생이었는데 보내는 마음은 좋지 않습니다. 전학을 가더라도 친구 사이는 계속 이어나가길 바랍니다. 부모님께도 법에 따른 조치였지만 미안함을 꼭 전해주십시오.

운동장 사용이나 중간놀이마당 사용에 제한을 하게 한 점도 미안합니다. 현관 입구에 신발장이 없어서 운동장 나가기가 불편한 점도 미안합니다. 신발장을 마련해보려고 했지만 돈은 있는데, 공간이 없습니다. 운동장에서 축구, 야구도 맘껏 하도록 돕고 싶지만 운동장은 몇 사람만의 운동장이 아니기에 양해 바랍니다. 중간놀이마당에서 피구를 못하게 한 점도 같은 맥락입니다.

셋째, 부탁의 말씀을 드려봅니다.

전출하시는 선생님, 늘 건강하시고 행복하십시오. 혹시 저 때문에 상처 받은 일 있으시다면 사과드립니다. 남아 계시는 선생님, 새해에도 조금 배려하면서 서로에게 힘이 되거나 웃음을 주는 동료가 되도록 노력해봅시다. 저도 더욱 노력하겠습니다.

진급을 하는 학생 여러분, 새해 ○○초의 주인은 학생이라는 마음으로 노력합시다. 그래서 학폭이 없고, 인사 잘하는 따뜻한 어린이, 창의적으로 생각하는 똑똑한 어린이, 꿈을 찾아 노력하는 꿈동이가 됩시다. 전학을 가는 학생들도 따뜻한 어린이, 똑똑한 어린이, 꿈을 찾아 노력하는 끼동이가 되십시오.

저는 지금까지 감사한 일, 미안한 일, 부탁하는 이야기를 드렸습니다. 다시 한번 20○○학년을 잘 마무리한 ○○초 여러분께 감사드립니다. 감사합니다.

살
다
보
면
살
아
진

살 아 보 니 그 런 대 로 괜찮 다

출처 : 홍정욱 저서 명 인용

초보 글쟁이 성주쌤의 미래교육 이야기

1장

'아침햇살 희망편지' 中

만남 이야기

선생님들과 소통 이야기(아/희/편) 중에서 몇 편의 글을 담았습니다.

아침햇살 희망편지

"내게 소중한 말"

안녕하세요? 아침햇살 희망편지입니다.

오늘은 겨울방학을 마치고 맞이하는 개학 날입니다.

누군가 보내온 글을 인용합니다. 개인적으로 쉽지만 잘 쓰지 않는, 그러나 소중한 말임을 아는 말들입니다.

① 천하보다 소중한 한 글자: '나'

② 그 어떤 것도 이길 수 있는 두 글자: '우리'

③ 세상에서 가장 아름다운 세 글자: '사랑해'

④ 평화를 가져오는 네 글자: '내 탓이오'

⑤ 돈 안 드는 최고 동력 다섯 글자: '정말 잘했어'

⑥ 더불어 사는 세상 만드는 여섯 글자: '우리 함께해요'

⑦ 뜻을 이룬 사람들의 일곱 글자: '처음 그 마음으로'

⑧ 인간을 돋보이게 하는 여덟 글자: '그런데도 불구하고'

⑨ 다시 한 번 일어서게 하는 아홉 글자: '지금도 늦지 않았단다'

⑩ 나를 지켜주는 든든한 열 글자: '내가 항상 네 곁에 있을게'

개학을 맞아 첫인사로 코로나 이겨낸 거, "정말 잘했어."

얼마 남지 않은 현재의 학년, 새 학년이 돼서도 학폭 없이, 코로나 감염 없이, "우리 함께해요"라 말해봅시다.

　오랜만에 뵙는 동료끼리 어울리는 말은 무엇일지 마땅히 찾질 못했습니다. 다만, 따뜻한 응원을 주고받으시리라 믿습니다.

"인생의 법칙"

안녕하세요? 아침햇살 희망편지입니다. 저만 모르는 법칙인지 모르겠습니다. 줄리의 법칙이 있더군요. 오늘 아침엔 상식을 쌓을 겸, 또는 알던 상식을 확인할 겸, 세 가지 법칙을 소개합니다. 뭔가 잘 풀리지 않을 때 붙이는 '머피의 법칙'과 반대의 경우에 붙이는 '샐리의 법칙'을 소개합니다. 마지막으로 내게 제일 애정이 가는 '줄리의 법칙'을 함께 소개합니다.

머피의 법칙(Murphy's law)

일이 잘 풀리지 않고 갈수록 꼬이기만 하는 현상이다. 열심히 시험공부를 했지만 자신이 공부한 범위는 문제로 안 나오거나, 평소 지하철을 타고 다니다가 어쩌다 버스를 탔는데, 하필 그날 사고가 나는 경우 등이 머피의 법칙에 해당한다.

'머피의 법칙'은 1949년 미국의 에드워드 공군 기지에서 일하던 머피 대위가 처음 사용한 말이다. 어떤 실험에서 번번이 실패한 머피는 '어떤 일을 하는 방법에는 여러 가지가 있고, 그중 하나가 문제를 일으킬 수 있다면 누군가는 꼭 그 방법을 사용한다'라는 말을 했다. 안 좋은 일을 미리 대비해야 한다는 뜻으로 한 말이었지만, 사람들은 일이 잘 풀리지 않고 오히려 꼬이기만 할 때 '머피의 법칙'이란 말을 쓰게 됐다.

샐리의 법칙(Sally's law)

롭 라이너(Rob Reiner) 감독의 영화 '해리가 샐리를 만났을 때(When Harry Met Sally)'에서 유래됐다. 예상하지 않은 행운이 줄줄이 이어지거나, 원하는 대로 일이 진행되어가는 현상이다. 쉬운 예로는 맑은 날 우연히 우산을 들고 나왔는데 갑자기 비가 쏟아진다든지, 시험 직전에 펼쳐본 교과서의 내용이 시험 문제로 나온다든지 하는 경우 등을 꼽을 수 있다.

줄리의 법칙(Jully's law)

우연한 기회에 행운이 이어지는 샐리의 법칙과는 달리, 평상시 마음속으로 끊임없이 바랐던 일이 시간이 지나서 이루어지는 것을 가리키는 말이다. 초등학생 때 짝사랑했던 이성 친구를 대학생이 되어 소개팅에서 다시 만나 결혼에 성공하거나, 꼭 사고 싶었던 상품이 품절되어 못 샀는데 시간이 흘러 생일 선물로 그 물건을 받게 되는 경우 등이 줄리의 법칙에 해당한다.

모든 일은 마음먹기에 달렸다고 말합니다. 신이 아닌 인간인 이상 약할 수밖에 없는 존재지만, 마음먹기에 달린 건 맞나 봅니다. 저도 방향이 안 보이고 무기력함에 빠질 땐 '케세라 세라'의 노랫말 중에 "그저 살다 보면 살아진다"라는 가사를 떠올려보곤 합니다. 긍정적으로 생각하면 좋은 일이 생기고, 부정적으로 생각하면 나쁜 일만 생깁니다. 자신에게 생긴 일을 무조건 '운의 탓'으로 돌릴 필요도 없습니다. 그 일을 확대해석하여 '징크스'로 고정시킬 필요 또한 없다고 봅니다.

오늘도 내일도, ○○에서도 새로운 임지에서도 세 가지가 작동했으면 합니다. '내겐 머피의 법칙은 없어라. 줄리의 법칙은 항시 함께 하라. 간혹은 샐리의 법칙이 곁에 있어도 마다 않으리.'

끝맺음에 앞서 파울로 코엘료의 소설 『연금술사』에 나오는 대사를 소개합니다. 이 구절은 필사하서서 책상 위에 두셔도 좋겠다는 생각이 듭니다.

"자네가 무언가를 간절히 원하면 온 우주가 그 소망이 이루어지도록 도울 걸세. 누구나 간절히 원하면 이루어진다는 이 지구의 위대한 진리 때문이야."

아침햇살 희망편지

"감성 충만, 남다른 분"

안녕하세요? 아/희/편/입니다.

어제 밥상머리에서 '유 퀴즈 온 더 블록' 프로그램을 보며, '아, 남다른 분이구나' 생각했던 출연자가 있었습니다. 이광형 카이스트 총장입니다. 총장과 관련한 키워드는 시험 문제, 김정주 넥슨 회장과 모 회장(회사 및 성함 기억 못함), TV, 거위 등입니다. 남다른 분이고, 감성 충만한 분이었습니다.

이 총장이 남다르다고 표현한 이유는 이렇습니다.

교수 시절 특별한 문제를 냈다고 합니다. 이공계(전산학과 등) 끝판왕들에게 낸 문제는 '내 컴퓨터를 해킹하라'였답니다. 해킹 자체를 용서한다는 느낌보다 해킹을 할 정도의 전문성을 요구한 것이었습니다. 기존 지식에 만족하지 말고, 새로운 지혜를 탐구하는 열정을 드높이라는 요구가 아니었을까 생각이 들더군요.

제자 중에 특별히 기억나는 사람이 김정주 회장과 다른 한 분이 있다고 했습니다. 김정주 회장은 대학 시절에 머리를 자주 바꾸어가면서 염색하였고, 귀걸이를 치렁치렁하게 하고 다녔답니다. 보통의 교수들 눈에는 쉬이 이해가 되지 않는 독특한 캐릭터였답니다. 김정주 회장의 인터뷰 내용도 잠깐 나왔는데, '특별히 자신을 이해하고 품어주신 분'이라고 하더군요.

나머지 한 분은 조금 전까지도 인터넷으로 검색해도 성함을 알 수 없는 인물입니다만 스토리는 기억이 납니다. 총장의 말씀으로 자기가 하고 싶은 공부만 하고, 하기 싫은 공부는 시험 당일까지도 공부를 하지 않았다고 합니다. '이 학생은 뭔가 해낼 친구구나'라고 생각했는데, 지금 잘나가고 있다(유명하다)는 내용이었습니다.

이 총장이 감성 충만한 분이라고 생각한 까닭은 이렇습니다.

지금까지 갖고 있는 습관 중 하나는 아직도 TV를 거꾸로 보고, 거꾸로 된 자막을 쉽게 읽을 수 있는데 재미있다고 합니다. 남다른 생각, 특이한 생각을 하고 틀에 박힌 생각을 하지 말자는 메시지를 던지며 웃는 모습이 해맑더군요.

해맑은 이 총장은 대학 캠퍼스에 거위를 키우고 있더군요. 거위를 키우는 것에 대해 협의를 하면 동의를 구할 수 없을 것 같아 몰래 키웠다는 말씀, 거위가 연못 위에서 노는 모습을 보면 보기 좋더라며 웃는 아이 같은 모습에선 저렇게 곱게 늙는다는 점에 홀딱 반해버렸습니다.

우리 ○○초는 남다른 선생님이 계시기에, 남다른 학생들이 대접을 받고 있습니다. 스테레오타입의 인간은 쓸모가 덜합니다. 엉뚱한 생각이 샘솟는 사람, 괴짜라는 별칭이 어울리는 사람이 역사를 쓰는 시대입니다. 지난날엔 '별난 사람이 아니라 특별한 사람을 키우자'라고 말씀드리곤 했는데, 요즘은 '별난 학생이 특별한 사람이 될 수 있다'에 공감을 더합니다.

별난 학생은 대체로 철이 없어 보이고, 별난 학생 때문에 선생님께서 에너지를 많이 방출하는 것이 현실임을 모르는 바 아닙니다. 꿈이 있지만 철이 없는 아이들과 함께하시느라 수고 많으십니다. 감/사/합/니/다/, 정/말/!/

초보 글쟁이 성주쌤의 미래교육 이야기

"KNN 행복한 책읽기"

안녕하세요? 아/희/편/입니다.

2020. 2. 10. 아/희/편에서 소개한 책, 『살아 보니 그런 대로 괜찮다』라는 책을 소개할 일이 생겼습니다. '행복한 책읽기'(KNN)라는 프로그램에서 나름 지역의 유명 인사가 인터뷰 형식으로 책을 소개하는 프로그램입니다. 유명 인사라는 말이 어울리지 않지만, 책읽기 문화를 장려하는 프로그램이라니 방송국 담당자와 교감을 하여 파일을 준비하였습니다.

1. 소개하실 책은 어떤 책인지

- 『살아 보니 그런 대로 괜찮다』는 부산에서 교사로 살면서 틈만 나면 아이들과 산과 들로 다니시는 홍정욱 선생님이 엮은 책입니다. 홍정욱 선생님은 방학에는 전국의 강을 따라 걷는 동안 떠오른 생각이나 느낌을 동화나 소설로 실오라기 엮듯 오롯이 담아내시는 분입니다.
- 제가 감명을 받은 책, 『살아 보니 그런 대로 괜찮다』는 이런 점이 남다른 점입니다.

우선, 전문가의 열정으로 넓이를 더했다기보다는 한 어머니의 아들로서 어머님의 말씀에 귀 기울여 쓴 이야기, 행동을 눈여겨보고 쓴 세상 사는 이야기입니다.

둘째, 시대의 트렌드를 운운하며 쓴 변화하는 이야기라기보다는 패러다임을 운운할 필요 없이 태초 인류의 시작과 더불어 변함없는 사람 사는 이야기입니다.

셋째, 구술을 하신 어머님의 연세나 지혜로움을 감안하면 베개 몇 개 쌓은 높이는 될 만한 방대한 이야기를 159쪽으로 엮은 대하소설 같은 이야기입니다.

2. 왜 행복한 책읽기 프로그램에 소개하고 싶은지

• 영전 선물로 받은 책을 혼자 읽기엔 안타까워 소개합니다.

존경하는 선배님 한 분이 영전 축하의 선물로 책 한 권을 보내주셨는데, 그 책이 바로 이 책입니다. 책의 첫 페이지에 손수 펜글씨로 마음을 풀어놓았더군요.

'○○초의 새로운 한 획! (중략) 맑고 밝은 맘 많이 나누길 바란다'라고 써놓으셔서 뭉클한 마음으로 책을 다 읽었기에 혼자 읽고 말기엔 안타까웠습니다.

• 책을 읽다 보니 행복했기에 소개합니다.

이 책의 전개는 저자와 모친의 맑은 이야기, 밝은 이야기를 자분자분 주거니 받거니 하는 내용으로 엮어놓았습니다. 물 흐르듯 쓰여 읽기가 수월하고, 읽는 동안 행복했기에 본 프로그램의 제목처럼 '행복한 책읽기'라는 말이 어울리는 독서 시간이었습니다. 그래서 저자의 동의를 구하고 소개하게 되었습니다.

• 책을 엮은 방식이 남다르기에 소개합니다.

저자 당신의 어머님처럼 이 세상 모든 어머님들이 대단하다고 느꼈습니다. 당신의 어머니께서 생짜배기로 몸에 익힌 세상 이치를 구술의 방식으로 쓰겠다고 의도하신 저자의 발상도 대단했습니다. 저자가 여는 글(서문)에서 밝혔듯이, 너른 들판을 건너온 사람의 말, 높은 산에서 아래를 멀찍게 내려다보며 던지는 말 같은 어머니 이야기를 자신에게 그리고 독자에게 껍질 없이 보여주시기에 소개드립니다.

3. 책의 줄거리 요약

- 『살아 보니 그런 대로 괜찮다』라는 책은 저자의 여는 글, 어머니의 닫는 글, 그 사이에 1부와 2부로 엮어서 구성하였습니다. 1부는 '땅이 질다고 참깨가 참겠냐'라는 제목 아래 39개의 글이 잉태되어 있습니다. 2부는 '잘난 놈도 없고 못난 놈도 없더라'라는 이름으로 15개의 이야기가 줄줄이 엮여 있습니다.

- 총 54개의 글, 54개의 이야기가 2개의 파트로 나뉜 연유나 각각의 이야기가 의도된 배열 순서인지 고민하진 않고 읽었습니다. 각각의 이야기가 저마다의 빛깔로 감흥을 주었기에 줄거리를 고민하지 않고 읽는 것도 행복한 책읽기에 기여한 것이 사실입니다.

- 굳이 큰 물줄기로 흘러가는 강물이 줄거리라 한다면, 글을 읽는 동안 온몸으로 한순간도 대충 살지 않은 그 삶이 저자에게 귀감이 되셨으리라는 점입니다. 글을 읽은 후엔 '자식은 부모의 등짝을 보고 자란다'라는 진리를 되새겨볼 수 있었다는 점입니다. 독자의 한 사람으로서 부모의 삶에 경건함을 더하고, 나의 앞날에 주어진 삶에 애착을 갖게 되었음을 감사히 여깁니다. 제가 대충 살면 부모님이 천상에서 내려다볼 것 같은 그 느낌이 지금도 아련합니다.

아침햇살 희망편지

"손바닥만 한 이야기 5가지"

안녕하세요? 아/희/편/입니다.

오늘 편지는 '손바닥만 한 이야기' 5가지를 모아봤습니다. 엄지부터 새끼손가락까지 순서는 큰 의미가 없습니다. 엄지손가락이 새끼손가락보다 멋져 보이거나 소중하다는 뜻은 아닙니다. 새끼손가락이 이름부터 풍모까지 좀 없어 보인다면 큰 오산입니다. 새끼손가락도 손에서 큰 역할을 담당하고 있기 때문입니다.

엄지 1. 어느 지인의 페북 이야기

전문직 출신의 어느 분이 쓰신 글을 읽으면 편안하면서도 공감이 많이 됩니다. '미끼'라는 제목에 이런 부분이 나옵니다. '(前略) 포인트 사용을 어떻게 하는지 몰라 한참을 헤매다가 겨우 니트릴인가 뭔가로 만들었다는 1회용 장갑을 주문하는 데 성공했다. 코로나 시대에 필요할 것 같았다. 이천 원을 아꼈다는 생각에 뿌듯한 마음이 들었다. 이틀 뒤, 장갑이 배달되어 왔다. 아내는 쓸데없는 것을 샀다고 타박을 했다. 예상했던 일이다. 젠장, 수십만 원짜리를 산 것도 아닌데 (後略)'

초보 글쟁이 성주쌤의 미래교육 이야기

검지 2. 나의 아침 이야기

　나도 전문직 출신 선배님의 글처럼 좀 편안한 아/희/편을 쓰고 싶었습니다. 오늘 아침 이야기를 편안하게 써볼게요. 아침 5시 35분, 6시 알람 시각보다 먼저 깨었다. 둘째 아들이 어제(일요일) 집을 나서지 않고 하룻밤 더 자고 가겠다며 집에서 묵었기 때문에 기상에 신경이 더 쓰였다. 아들의 출근과 함께 나도 운동 삼아 집을 나섰다. 음식물 쓰레기 두 봉지를 갖고 나섰다. "표+동호수+비밀번호+*표'를 누르고 음식물을 버렸다. 아뿔싸, 비닐봉지는 따로 분리해야 하는데, 물 묻은 비닐이 미끄러워 비닐봉지도 함께 버려졌다. 안을 들여다보니 손으로 비닐을 꺼낼 방도가 없었다. 순간 방법이 없기에 아파트 주변을 둘러보는 빠르게 걷기 운동을 하였다. 유튜브로 영어회화를 들으며 걷는데, 듣기에 집중이 안 됐다. 운동을 마치고 그만 집으로 향하려다가 초소에 들러서 말했다. "음식물 쓰레기 버리다가 실수로 비닐봉지를 빠뜨렸습니다." "괜찮습니다. 제가 알아서 치울게요." 고맙고 감사했다. 뭣보다도 마음이 후련했다.

中指 3. 겨울철 건강관리 방법 이야기

　매주 쓰는 ○○역사, 새아침에 어느 부장님이 건강관리 방법을 소개해주셨습니다. 두 글자로 줄이니 온도, 습도, 씻기, 환기, 무울(모두 두 글자로 표현하려는 의지의 표현?), 보습, 규칙, 운동, 영양, 족욕 등이었습니다. 건강관리를 하는 것에 아주 특별한 방법이 있는 것이 아니라 신체가 뭘 좋아하는지 귀 기울이라는 뜻 같았습니다. 운동만큼이라도 꼭 지켜야겠다는 생각을 하였습니다.

藥指 4. 약지, 무명지 이야기

약지는 옛날에 한약을 만들 때 이 약지로 저었기 때문에 한자로 藥指 (약 약, 손가락 지)라고 쓰는 걸 처음 알았습니다. 글을 쓰면 좋은 점이, 용어 선정에 신중을 기하게 된다는 점도 있나 봅니다. 약지는 딱히 이름을 지어주지 못하여 무명지(無名指)라 한다니 더욱 애정이 갑니다. 작자 미상의 그림 '미인도'나, 작자 미상의 예술인 판소리를 지은이 이름을 모른다고 무시하지 않습니다. 주인이 없다 해서 그 작품까지 업신여기진 않듯이! 더구나 사랑의 약속을 의미하는 약혼반지나 결혼반지를 약지에 끼우기에 약지 손가락을 영어로는 Ring Finger라고 하는 걸 우리는 알고 있습니다.

小指 5. 끝은 아재 개그 이야기

손가락을 영어로 핑거(Finger)라고 하지요. 그럼 손가락을 다 오므린 '주먹'은 뭐라고 할까요? 네, 맞습니다. dhamfldrj(오므링거)입니다.

초보 글쟁이 성주쌤의 미래교육 이야기

아침햇살 희망편지

"Latte is Horse"

안녕하세요? 아/희/편/입니다.

개학 3일차에 가벼운 글, 꼰대 이야기 아/희/편 첨부합니다.

방과후교육 심사 등등 멈춤도 끊임도 없는 날들, 쉼도 없는 날들…. 그래서 더욱 감사하고 송구합니다. 더러 몸 안 좋으신 분이 있다는 이야기를 전해 듣습니다. 남자라는 이유로 문안도 위안도 못 드리지만, 빠른 쾌유를 빕니다.

그런데 방학 모드에서 개학 모드로 바뀐 지 얼마 안 되기에 좀 일상적인 이야기도 나쁘진 않을 것 같아 꼰대 이야기를 들려드립니다. 할아버지 세대와 요즘 세대, 약 60년의 차이를 가진 조손간의 대화를 소개합니다. 할아버지 세대는 지금의 삶의 풍속도를 보셨으니 비교가 가능한 이야기일 것입니다. 그러나 요즘 세대는 60여 년 전의 삶을 책 속에서나 읽었을까, 직접 경험한 바가 아니기에 참다운 이해는 불가능하리라 봅니다. 그래서 애써 학생들에게 예전엔 이랬었지, '라떼는 말이야'라고 꼰대처럼 보이실 필요는 없으리라 봅니다. 참고로, '라떼는 말이야'를 영어로 어떻게 하는지 아시지요? 그건 'Latte is Horse'랍니다.

"할아버지! 옛날에 어떻게 사셨어요? 과학기술도 없고, 인터넷도 없고,

컴퓨터도 없고, 드론도 없고, 휴대폰도 없고, 카톡도 없고, 페이스북도 없었는데?"

할아버지께서 대답하셨습니다.

"너희 세대가 오늘날 인간미도 없고, 품위도 없고, 연민도 없고, 수치심도 없고, 명예도 없고, 존경심도 없고, 개성도 없고, 사랑도 없고, 겸손도 없이 살고 있는 것처럼 그렇게는 안 살았지.

오늘 너희들은 우리를 '늙었다'라고 하지만 우리는 참 축복받은 세대란다. 우리 삶이 그 증거야. 헬멧을 쓰고 자전거를 타지 않았고 방과후에는 우리 스스로 숙제했어. 해질 때까지 들판에서 뛰놀고, 페이스북이나 카톡 친구가 아니라 진짜 친구랑 놀았다.

목이 마르면 생수가 아닌 샘물을 마셨고 친구들이 사용한 잔을 함께 사용해도 아픈 적이 없었다. 빵, 과자를 많이 먹어 비만하지도 않았고 맨발로 뛰어다녀도 아무렇지도 않았다. 장난감은 직접 만들어 놀았고 부모님은 부자가 아니셨지만 많은 사랑을 주셨다.

휴대전화, DVD, Xbox, 플레이스테이션 비디오 게임, 개인 컴퓨터, 인터넷 같은 것은 없었다. 하지만 진정한 친구가 있었지. 친구들이 초대하지 않아도, 친구 집을 찾아가 밥을 얻어먹었다.

우리는 부모의 말씀도 듣고 자녀들의 말도 들어야 했던 마지막 세대야. 그래서 독특한 세대고 이해심도 많단다.

"(추가 각색) 그래서 할아버지, 우리들은 어떻게 하란 뜻이에요? 헬멧을 안 쓰면 위험하니 써야 하고, 들판이 없으니 해질녘까지 뛰놀 수도 없고, 생수가 아닌 샘물은 믿을 수 없고, 친구가 사용한 잔으로 마시면 코로나

걸린다고 안 되고, 장난감을 직접 만들 시간은 없고, 부모님이 부자지만 저희들과 놀 시간이 없으시고, 부모의 말씀 잘 듣는 고분고분한 세대보다 남다른 사람이 돼라 하면서도 실상은 딴판이에요. 알고 보면 저희들도 불쌍한 사람들이라구요.

제가 가고 싶은 학원도 아닌데 가야 하고, 하고 싶은 숙제도 아닌데 해야 하고, 제 꿈은 다른데 부모님의 꿈을 대신 꾸어달라고 하는 판인걸요.

그래서 할아버지 세대가 부러운 건 사실입니다. 진짜 부럽습니다. 할아버지!"

몸을 안으면

포옹이요,

마음까지 안으면

포용이다

출처 : '당신, 참 좋다' 中에서

초보 글쟁이 성주쌤의 미래교육 이야기

2장

생각을 나누다

꽃 들 아 ,

네 뜻 대 로

피 어 라

2장

학급신문

담임이 전하는 이야기

1998 학급문집

나눔으로써 더 넉넉해지는 우리들의 손바닥만 한 이야기
"나의 사랑스런 제자들에게 보내는 편지"

너와 내가 하나 되어 살아가는 모둠살이에도 '만남과 떠남', '시작과 마침', 'x와 y'가 있을까?

아무튼 같은 반이 된 3월은 새로운 만남을 의미하고, 이듬해 2월은 아쉬운 떠남을 의미하는 게 학교라면 난 또 너희들을 떠나보내야 하는가? 난 이런 아쉬움을 달래려 너희들의 소맷자락을 붙잡고 싶구나. 티 없이 맑은 얘기, 소담스런 얘기를 마주 앉아 듣고 싶단다.

너희들의 눈빛을 바라보며 나는 그 눈빛 속에 그저 잠겨볼까 하노라.

먼저 우리 반의 장남, 지○아! 한 살 빠르다는 게 뭔지 모르지만 어딘가 모르게 의젓하고 씩씩한 지○이란다. 무엇보다 하고 싶은 얘기는 '넌 너희 집에서 둘도 없는 보배란다.' 엄마가 네게 쏟는 사랑, 아빠가 네게 쏟는 사랑은 이 세상 어느 누구보다 깊고 넓단다. 그걸 명심하면서 살아간다면 넌 분명히 괜찮은 사나이가 되어 있을 것이야. 그리고 아름드리나무가 되어보렴. 큰 나무에는 많은 열매가 열리고 또 많은 사람이 쉬어갈 수 있는 곳이란다.

그리고 옛말에 장남이 잘되면 그 집안이 잘된다는 말이 있단다. 고로 네가 잘되면 우리 반 모두가 잘될 거야.

다음은 2번 성○ 차례인가 보구나. 성격 좋은 친구, 밝은 표정의 친구, 꾸준히 공부하는 친구하면 생각나는 친구가 바로 성○인가 보다. 네 이런 점이 훗날 살아가면서 큰 재산이 되리라 본다. 왜냐하면 사람은 사람을 떠나서 살 수가 없는데 넌 성격이 좋아 많은 사람들이 네 곁에 모일 거라는 뜻이란다.

그리고 한 마디 더 들어보렴. 넌 엄마 아빠가 좀 늦게 얻은 아들이란다. 자식은 다 소중한 법이지만 넌 늦게 얻은 선물이라 부모님께서 더욱 소중하게 생각하실 것 같구나. 엄마, 아빠한테 믿음을 주는 아들이 되리라 믿는다.

성○야! 저기 공놀이하고 있는 영○이 좀 불러오렴.

성격이 온순한 영○이는 공놀이를 좋아하는 씩씩한 친구이기도 하지. 맨 처음 3월에는 말이 별로 없고 부드럽기만 한 줄 알았는데 시간이 흐를수록 씩씩함이 돋보이더구나. 한마디로 '외유내강의 사나이'라 부르고 싶구나. 동생도 계속 잘 보살피는 든든한 오빠이길 바란다.

21세기는 창의력의 시대가 될 거란다. 아마 한○는 그 시대를 이끌어갈 주인공이 될 것이라고 생각되는구나. 한○에겐 이런 얘기를 들려주고 싶구나. 돼지와 개와 인간의 차이점을 말해주고 싶어. 다른 친구들도 같이 들어보렴.

길 한가운데 큰 돌이 있단다. 돼지는 그 돌에 몇 번이고 부딪치다가 건너지 못하고 말았지. 개는 처음은 부딪쳤지만 두 번째는 지나갈 수 있었단다. 자기 혼자는 갈 수 있었지만 다음 개를 위해서 치우지는 않았지.

그런데 인간은 그 돌을 한쪽으로 치우고 지나간 거야. 그래서 다음 사람들까지도 편안히 지나간 거야. 사람은 사람 속에서 살기에 사람다워야 할 거야.

이젠 2학기 때 반장 승○이하고 마주 앉아봐야겠구나. 깔끔한 얼굴의 멋쟁이 승○이는 탤런트만큼이나 인기가 좋았지. 특히 여학생들 사이에 질투의 대상이 되기도 한 승○이었지. 지○이라고 이름은 안 밝히겠지만 두 집 엄마, 아빠들 사이엔 결혼을 예약해놓았다던데 사실인지는 선생님도 잘 모르겠구나. 선생님이 생각해도 둘은 잘 어울릴 것 같구나. 이 소문이 사실로 된다면 잘 묵고 잘살아야 한다. 주례는 내가 꼭 서고 싶구나. 그땐 꼭 연락하거라.

동○아! 동○아! 어, 김동○과 신동○이 둘 다 왔네. 우리 반엔 동○이가 둘인데 둘 다 운동이나 공부를 참 잘하는 멋스런 친구들이지. 신동○은 좀 이따 얘기를 하고, 우선 김동○과 몇 마디 주고받을까 한다. 왜냐하면 생일이 빨라 번호가 빠르고 이다음에 쓰여질 위인전에도 '가나다'순서로 실릴 테니 우선 '김'과 얘기를 해야겠구나.

다리가 아파서 운동을 하면 안 되는데도 몰래 운동을 할 만큼 씩씩한 사나이. 이해력이 높아 성적도 잘 나오는 똑똑한 아이. 바로 '내가 찾는 아이'란다. 네 훗날은 바다처럼 넓고 태양처럼 빛나리라.

운동이나 성격이나 공부나 생김새나 모두 축복을 받고 태어난 머슴아가 있으니 이름하여 '류○'라고 해야지. 삼국지에 유비가 나오는데 그는 사람 보는 눈이 정확하여 '제갈공명'이라는 사람을 가까이 쓰려고 세 번이나 찾았다는구나. 너도 훗날 장가갈 때 선생님한테 주례를 서달라고 세 번쯤은 찾아오렴. 한두 번쯤 찾아와도 주례는 서고 싶지만. 장가가기 전에 한 번 놀러 오렴. 가까운 금정산에라도 올라 동동주라도 한잔해야지 싶다. 그땐 난 담배도 한 대 하고 싶구나. 넌 담배는 안 되고 '빼빼로'라도 한 대

초보 글쟁이 성주쌤의 미래교육 이야기

물어보렴.

동○아! 신동○! 어, 왜 대답이 없노? 옳지, '깜동○' 이리 와보렴. 그만큼 너그럽고 밝은 친구라서 네 피부 가지고 장난을 좀 치는 거란다. 이해하렴. 무엇보다 동○이는 공부도 잘하고 운동까지 잘하니 마음에 쏘옥 든단다. 특히 간이 농구할 때 공 다루는 솜씨는 대단해. 그리고 심장 때문에 마음 아프겠지만 훗날 더욱 건강해질 거야. 무럭무럭 자라렴.

도○아! 안녕? 아빠가 제주도 계실 때도 밝은 표정으로 학교생활을 잘했는데 요즘은 더욱 밝고 씩씩해졌더구나. 아마 아빠가 함께 지내기 때문이겠지. 널 극진히 사랑하시는 엄마의 사랑과 아빠의 바다 같은 가슴 속에 새해에도 훗날에도 쑤욱쑤욱 자라리라 믿는다. 도○아! 널 사랑해, 영원히….

다음은 후○이하고 얘기할 차례구나. 그런데 후○인 지금 중국에 가 있지. 맨 처음에는 가고 싶어 했지만 아마 지금쯤 많이도 외로워할 것 같구나. 하지만 멀리서나마 빌어본다. 이왕 간 것이니 좋은 경험을 쌓아서 돌아오렴. 함께 있을 때 선생님을 힘들게 했던 때도 있었지만 네 속마음은 착하다는 걸 알고 있단다. 건강하게 돌아오렴. 웃으면서….

보○아! 이번 겨울방학에 함께 보낼 수 있는 날이 있어 너보단 선생님이 더 기뻤단다. 늘 엄마, 아빠, 누나에게 고마운 마음을 갖고 감사하며 살아보렴. 누가 뭐라 해도 부모님의 사랑만큼 깊고 또 변함없는 것은 없단다. 꽃은 아름다우나 쉽게 지고, 아기 웃음도 아름다우나 자라서 바뀐단다. 하지만 변함없는 아름다움은 부모님의 사랑이지.

이 세상의 그 무엇이 민○이 마음보다 아름다우랴. 늘 맑은 얼굴에 착한 행동을 하는 민○아! 거미와 개미, 벌꿀의 이야기를 들어보렴.

거미는 혼자 거미줄을 쳐놓고 먹이가 올 때까지 기다린단다. 개미는 먹이를 찾아 여럿이 모여 일한단다. 다만 자기의 먹이를 위해서 일하지. 하지만 꿀벌은 여럿이 모여 일하면서 얻은 것을 남에게 베풀며 산단다. 넌 꿀벌 같은 아이라 믿는다.

다음은 김병○라는 아이가 있었지. 어쩜 눈빛이 그리도 맑고 행동이 그리도 발랐을까. 가정에 좋은 일만 많았으면 좋겠고, 훗날 귀여움과 의젓함이 함께 할 병○에게 큰 박수를 보내본다.

우리 반 막내둥이 누○하고 얘기해보자.

누○야! 착한 네 모습과 개구쟁이 모습이 잘 어울려 참 귀엽기도 했지. 네 이름처럼 온 누리에 네 이름이 빛났으면 좋겠다. 그리고 피부가 더욱 좋아지려면 사과를 많이 먹으렴. 엄마, 아빠가 주시는 사과 말고 사과밭에서 (몰래) 따먹으렴. 탐스러운 것 한 개쯤은 선생님한테 가져오고(헤헤).

현○아! 우리 반의 큰딸, 현○아! 여러 가지 이유로 지금은 선생님 곁에 없고 멀리 있지만, 꼭 전해줄 말이 있단다. 무엇보다 넌 착한 친구야. 어린 애다운 맑음이 있으면서도 큰딸답게 생각도 깊어 남의 입장을 잘 생각해 주었지.

엄마, 아빠께서 요즘 힘들어하시지만 착하게 잘 자라는 널 보면 다시 힘을 내실 거야. 아빠, 엄마의 따뜻한 사랑 속에, 이곳 선생님의 기대와 믿음 속에 넌 밝게 자라리라 믿는다.

다음은 예○아! 좀 더 가까이 와보렴. 다른 친구들이 들으면 서운할지 모르지만 제일 예의 바르고 마음씨 고운 친구를 한 명 뽑으라면 선생님은 예○이 이름을 적고 싶구나(물론 우리 반 친구는 모두 밝고 맑고 고운 친구들이라고 생각해). 동생 진이도 잘 챙기는 예○이가 난 좋아. 때론 좀 더 적극적이고 목소리도 더 컸으면 하는 생각도 들어. 네 주장이 강해서 한번쯤 싸워도 용서하마. 알겠째?

멍! 멍! 멍! 조멍멍!

"쫑, 쫑, 쫑(강아지 부르는 소리)" 친구들이 부러워할 만큼 인기도 많은 채○아(특히 남자들에게 인기 짱)! 자기의 생각을 그림으로 예쁘게 표현하고 노래도 잘하고 또 달리기까지 잘하니 참 복도 많은 셈이야. 무엇보다 아빠, 엄마의 사랑과 오빠의 보살핌이 끝이 없으니 얼마나 고마운 일이니. 강아지 흉내를 내며 선생님을 웃긴 이야기나 선생님 등에 업혀서 재롱을 부릴 땐 늘 부끄럼이 많다고 생각한 선생님으로선 깜짝 놀라고 반가웠단다. 늘 고운 마음씨로 살으렸다.

야무진 친구, 똑 소리 나는 소○이는 눈물도 많고 가슴이 따뜻한 친구지. 누가 괴롭혀서 눈물을 보이다가도 선생님이 괴롭힌 친구를 나무랄까 봐 걱정까지 해주는 걸 보고 너의 착한 마음씨를 알게 되었다. 이 세상은 가슴이 따뜻한 사람들이 엮어갈 때 살 만한 세상이 되겠지. 그 세상의 중심에 네가 서 있으리라 믿는다.

유○아! 선생님이 좋아하는 낱말인 '거목'이라는 말이 있단다. 너도 알겠지만 아름드리 큰 나무를 말한단다. 거목의 좋은 점은 뭘까? 우선 수많은 사람들이 쉬어갈 수 있는 그늘이 있어 '쉼터'가 되겠지. 둘째는 많은 열매가 맺혀 보기에도 좋고, 누가 몇 개 따 먹어도 아쉬울 게 없는 '넉넉함'이 있을 테지. 너를 아는 많은 사람들이 네 곁에 모일 수 있는 편안한 쉼터가 되고 또 네 많은 재주를 남에게 선물할 수 있는 넉넉함을 나는 사랑한단다. 또 그렇게 빌어본다.

여러 가지 재주를 가진 사람을 흔히 '팔방미인'이라 한단다. 현○이는 '팔방미인'보다는 '백방미인'이라 하면 어울릴 거야. 바이올린, 수채화, 컴퓨터, 바둑…. 유치원 다닐 때 '꼬마 선생님'이라는 말을 들었다는데 이젠 무슨 선생님이라 불러줄까? 차라리 '꼬마 대통령'이라고 불러도 괜찮지 싶다. 훗날 어느 곳에서 일할지라도 현○이의 이런 재주들 때문에 많은 사람들의 인정을 받으리라 믿는다. 많은 사람들의 사랑을 받을 수 있도록 노력하렴.

언젠가 교복 차림에 동그란 모자를 쓰고 온 게 참 잘 어울렸는데 말하지 못한 게 아쉽기도 했단다. 아마 2월 8일 날일 거야. 바로 슬○의 옷차림을 두고 한 말이야. 슬○야! 네 가장 큰 장점은 색다르다는 점이야. 색다르다는 말은 특별하다는 뜻이지. 이 특별함이 훗날 남들이 흉내 못 낼 색다른 일, 보람 있는 일, 큰일을 하게 만들 거야. 슬○에게 바라는 점은 꾸준함이 있으면 좋겠어. 꾸준함이 곧 힘이란다. 아름답게 내리는 이슬비도 꾸준히 내리기에 대지(땅)를 적시는 거란다.

예○이 못지않게 마음씨 고운 보○아! 아기자기한 아름다움이 있고 남을 헤아리는 착함이 있으니 선생님은 널 줄곧 사랑한단다. 한 가지 생각해보렴. 아빠(음악 선생님)의 말씀이 언니만큼 잘해주지 못하니 늘 미안하단다. 그래도 불평하지 않고 말씀 잘 듣고 밝게 자라주니 무척 고맙단다. 남을 먼저 생각하는 보○이 네 마음으로 이 세상을 수놓고 싶단다.

승○아! 지○이 어디 갔는지 좀 데려오나(왜 승○이가 나를 찾아야 하냐고 따지진 말 것). 지○아! 3월에 느꼈던 지○이는 부끄러움이 많아 발표도 없는 편이고 자기 생각이 드러나지 않더구나. 그런데 요즘은 일부러 굵직한 목소리를 내어 교실을 코미디 극장으로 만들고 재미있는 말과 행동으로 우리 반 친구들(선생님까지도)에게 엔돌핀을 많이 만들어주었지. 그래서 우리

반 친구는 건강하고 우리 교실에는 웃음꽃이 피었지. 그리고 다이어트인지 다이너마이트인지 몰라도 고생 많았단다. 고생한 만큼 효과도 좋은 것 같아 축하한다. 너무 몸매에 신경 쓸 건 없을 거야(넌 이미 짝을 찾았으니까).

아○아! 언젠가 그랜드 호텔 수영장에서 네 비키니 옷차림에 너무 귀여워 널 들어올리며 "오늘의 비키니를 소개합니다" 했더니 깔깔거리면서도 부끄러워하던 네 모습이 생생하구나. 그때 한○는 어찌나 힘이 세고 끝까지 달라붙는지 힘들었던 기억도 나는구나. 하지만 정말 즐거운 날이었지. 꾸미기도 잘하고 글짓기 능력도 돋보이는 정말 아름다운 아○이란다. 선생님이 귀가 따갑도록 들려준 말을 한번만 더 들어주렴.

"사람은 크게 셋으로 나눌 수 있단다. 첫째는 저 멀리 멋져 보이는 산을 보고 '멋지겠구나' 생각만 하고 지켜보는 사람, 둘째는 멋진 산을 오르려고 시도하다가 힘들어 멈춰버리는 사람, 셋째는 멋진 산을 끝까지 오르고 자신 있게 웃으며 또 다른 산을 오르려는 사람." 아○아, 우린 모두 세 번째 사람이 되자꾸나.

구김살 없는 친구, 맑은 웃음을 가진 소녀! 그래, 바로 지○이지. 지○아! 이 세상에서 제일 소중한 게 뭘까? 소중하지 않은 게 없을 것 같구나. 더구나 『어린 왕자』에서 '소중한 건 눈에 잘 띄지 않아 마음으로 보아야 한다'라고 하니 미처 깨우치지 못한 소중한 게 많겠지. 지○이의 맑은 웃음과 변하지 않을 건강함을 생각하니 모두에게 들려주고픈 말이 있구나.

'돈을 잃는 것은 조금 잃는 것이요, 믿음을 잃는 것은 많이 잃는 것이요, 건강을 잃는 것은 모두를 잃는 것이다'라는 말을.

장미 공주, 정○아! 정말 맑음이 있고 애교가 넘쳐 선생님을 늘 즐겁게 했던 정○아! 네 몸짓 하나 하나, 표정 한 톨 한 톨이 글을 쓰는 이 시간에도 웃음으로 연결되는구나. 정○이 같은 마음을 가진 사람들이 모인 곳이 우리 반이고, 우리 반 친구들이 우리나라의 역사 속에 많이 남고 세계 역사도 새로 쓰는 일이 있었으면 좋겠다. 열심히 일하시는 엄마가 힘들지 않게 무엇이든 꾸준히 하렴. 그리고 힘든 일이 있어도 '하늘 도화지'에 네 꿈을 그리렴.

정○야! 전학을 와서 쉽게 적응하는 모습이 좋았고 네 재주를 마음껏 키워나가니 참 흐뭇하구나. 정○야! 네 손바닥을 펴고 다섯 손가락을 잘 살펴보렴. 긴 것과 짧은 것, 두꺼운 것과 가는 것, 모두가 모양도 크기도 길이도 다 다르지 않니? 손금까지도 다 다르구나. 이 다섯 개의 손가락이 모두 같은 크기고 같은 길이라면 주먹을 쥘 수 있겠니? 저마다 다르게 생긴 손가락의 힘을 합치기에 주먹을 쥘 수 있지. 모두에게 하고 싶은 말은 서로 존중하고 화합해야 한다는 거야.

지금까지는 따로따로 얘기를 나누었구나. 끝으로 너희 모두에게 내 맘을 꽃에 견주어 들려주련다. 가끔씩은 읽어보렴.

내 못다 준 사랑을 이 기도문 속에 담아본단다. 이름은 '꽃들이 외는 기도문'이라 지어봤단다.

나도 이젠 다리 쭈욱 펴고 자도 될 성싶다. 지금쯤 모두 제각기 다른 모습으로 잠을 자고 있을 너희들을 떠올려본단다. 너희들은 모두 서로 다른 꿈을 꾸리라 믿는다. 그래서 훗날 마치 이 세상 구석구석을 너희들이 불밝힐 것 같구나.

- 너그 담임이 쓰다

초보 글쟁이 성주쌤의 미래교육 이야기

1999 학급문집

꿈을 찾는 아이들의 손바닥만 한 이야기
"꽃들이 외는 기도문"

꽃은 그저 아름다울 뿐입니다.

때가 되면 피고, 때가 가면 말없이 집니다. 그런데 사람들은 꽃에다 여러 가지 의미를 붙입니다. 꽃은 인간의 마음을 아름답게 만들어주고, 희망과 사색과 위안의 자세를 줍니다.

작가 이원수는 그의 저서 『오랑캐꽃』에서 '인간사에서 꽃은 소년 소녀들이기에 꽃을 볼 때마다 항상 그들을 생각한다'라고 읊고 있습니다. 그래서 난 오늘의 소년 소녀들에게 꽃을 빗대어 희망과 사색과 위안의 기도문을 전해드리고 싶습니다.

연꽃처럼 빛과 소금이 되게 하소서.

연꽃은 맑지 않은 물, 시커먼 물속에서도 썩지 않고 꽃을 피웁니다. 내 삶이 힘들고 우리의 삶터가 더러는 썩은 듯이 보일지라도, 삶을 밝히는 빛이 되고 삶터를 맑게 하는 소금이 되소서. 3월의 바람과 4월의 비로 5월에 꽃이 핀다는 가르침을 헤아리게 하소서.

해바라기처럼 드러내지 않는 아름다움을 느끼게 하소서.

해바라기는 높은 꿈을 이룬 듯이 큰 얼굴, 웃는 얼굴을 하고 있습니다.

그래도 해바라기는 거만해 보이지 않습니다. 고개 숙여 웃는 겸손과 열정의 덕을 동시에 갖추었기 때문임을 느끼게 하소서.

길가의 코스모스가 어찌하여 아름다운지 알게 하소서.
하양, 분홍, 보라 제각각의 아름다움도 있건만 서로 어우러져 함께 춤추는 듯 하늘거릴 때 더욱 아름답지 않은지요? 마치 크고 작은, 두껍고 가는 저마다의 다섯 손가락이 있기에 꽉 쥐어진 주먹이 되듯이 제 나름의 모습을 가꾸소서. 모두가 엄지손가락이 되어도 꽉 쥐어진 주먹의 힘을 느끼지 못할 것이요, 모두가 보라색 코스모스여도 잘 어우러진 코스모스만은 못할 것입니다.

다시 한번 기도드리나니
시커먼 물에서도 꽃을 피우는 연꽃의 '해냄'과
큰 뜻을 이루고서도 고개 숙일 줄 아는 해바라기의 '숙임'과
하양, 분홍, 보라가 함께 춤추는 코스모스의 '어우러짐'을 갖춘
소년 소녀들이여! 부디 세계화의 주역이 되소서.

2002학년도 학급문집

날마다 크는 우리들
"선생님의 손바닥만 한 이야기"

재롱둥이, 슬기둥이 친구들아! 모두 모여보렴. 멀리 있지 말고, 좀 더 가까이 다가오렴. 좀 더 가까이서 눈을 맞추고 함께 이야기를 하자꾸나. 우선 함께 생각해봤으면 하는 글이 있어 소개해줄게. 그런 다음에 마르지 않는 샘(성주쌤)에서 들려오는 이야기를 함께 들어봤으면 좋겠구나.

요즘 우리는 더 좋은 빌딩과 더 넓은 고속도로를 가지고 있지만, 성격은 더 급해지고 시야는 더 좁아졌습니다. 돈은 더 쓰지만 즐거움은 줄었고, 집은 커졌지만 가족은 줄어들었습니다. 약은 더 먹지만 건강은 더 나빠졌습니다. 가진 것은 몇 배가 되었지만 가치는 줄어들었습니다. 말은 많이 하지만 사랑은 적게 하고, 미움은 너무 많습니다.

우리는 달에도 갔다 왔지만 이웃집에 가서 이웃을 만나기는 더 힘들어졌습니다. 외계를 정복했는지는 모르겠지만 '우리'라는 세계는 잃어버렸습니다. 수입은 늘었지만 사기는 떨어지고, 자유는 늘었지만 활기는 줄어들었습니다. 음식은 많지만 영양가는 적습니다.

집은 훌륭해졌지만 더 많은 가정이 깨지고 있습니다.

차근차근 읽고 생각에 잠겨보렴. 내가 나아가야 할 길도 맘속으로 그려보렴.

그리고 2003년 2월에 2학년을 마무리하면서 성주쌤에서 들려오는 이야기를 함께 들어봤으면 좋겠구나. 첫째 이야기는 산골 마을의 이야기, 둘째는 어촌 마을에서 들려오는 이야기, 셋째 이야기는 도시의 어느 반에서 들려오는 이야기란다. 마지막으로 농촌의 다섯 형제의 이야기도 마저 들어보자꾸나. 자, 그럼 귀를 쫑긋 세우고 선생님과 눈을 맞추고 소중한 시간을 가져보자꾸나.

첫째 이야기는 산골 마을 이야기란다.

산골 마을에는 세 아이가 사이좋게 살았대. 함께 뛰놀고 공부도 하며 그렇게 지내게 되었단다. 셋은 공도 잘 차고 그림도 잘하고 수학도 잘했지. 하지만 다른 게 있었어.

세 아이가 다니는 고사리 초등학교의 뒷동산에는 제법 높은 산이 있었는데 산꼭대기를 바라보는 생각이 달랐단다.

한 아이는 참 멋지다고만 느꼈대, 오르려고 생각하지 않았지.

다른 아이는 그 봉우리를 올라가보기로 하고 산을 올랐다는구먼, 가다 보니 다리도 아프고 목도 말라서 반쯤 가다가 뒤돌아 와버렸대.

또 다른 아이는 앞의 두 친구와 좀 달랐지. 산을 오르다가 목이 마르면 목을 축이고 다리가 아프면 손으로 허벅지를 두드리면서 끝까지 올라갔다지. 그 꼭대기에 오르니 가슴이 탁 트이고 고함을 지르며 생각했다지. 올라오길 잘했다고 말이야.

둘째는 어촌 마을의 세 아이 이야기래.

그 마을의 어귀(입구)에는 큰 아름드리나무가 있었어. 여름이면 동네 어른이나 아이 할 것 없이 모두 모여 쉬기도 하고, 들판 일을 하고 돌아오는 길에 갑자기 비가 오면 그곳에서 비를 피하기도 했다지. 참 좋은 곳이야.

마을 사람들뿐만 아니라 길 가는 나그네에게도 그곳은 좋은 쉼터가 된 게지.

이곳에 사는 세 아이의 멋진 우정 이야기를 들어보렴.

우정을 쌓아가며 꿈도 키워가는 세 아이는 이곳에서 개구쟁이 짓도 많이 했다지. 하지만 삼국지에 나오는 유비, 관우, 장비 아저씨가 결의(약속)한 것보다 더 소중한 다짐을 주고받았대.

그 마을의 세 아이가 주고받은 이야기를 들려주지. 이야기는 대략 이런 내용이었다지.

첫째 저 아름드리나무는 태풍이 불 때도 부러지지 않았고, 가뭄이 와도 마르지 않았듯이 세 친구도 꿈을 잃지 말고 참기로 했다는 거, 모든 걸 이겨내지 못하면 우리의 우정도 끝이라고 했다는 거야.

둘째 세 친구 모두 아름드리나무처럼 많은 사람이 즐겨 찾는 쉼터가 되고 많은 사람들에게 도움 주는 우산이 되기로 약속했다는 거, 그러니까 아름드리나무가 되어 많은 사람들을 돕자는 것이었어.

셋째 세 친구는 손에 손을 잡고 아름드리나무를 껴안으며 한 약속은 죽어도 지키리라는 거였대. 결국 셋은 저마다 다른 꿈을 이루고 이곳에서 만났대.

그리고 어릴 적 약속처럼 손을 맞잡고 그 아름드리나무를 껴안아보았다지. 그리고 서로 어깨를 두드려줬단다. 가슴이 찡해지는 아름다운 광경이지.

셋째 이야기는 도시의 어느 반에서 선생님이 들려주시는 이야기가 있어 들려줄게.

사람은 세 가지 방법으로 산다는데 어떤 이야긴지 들어볼래? 그리고 어떻게 살고 싶은지 골라봐.

거미처럼 사는 방법이 있대. 뭐냐면, 거미는 자기 자신의 먹이만을 구하기 위해 거미줄을 친대. 그리고 더욱 가슴 아픈 건 혼자서 외로이 살지.

다음은 개미처럼 사는 삶도 있대. 개미는 여럿이 힘을 합쳐 사는 점은 좋은 것 같아. 하지만 자기들의 이익을 위해 사는 점은 안타까울 뿐이야.

좀 우스운 얘기는, 어떤 사람이 개미들의 일하는 모습을 보니 100마리쯤 먹이를 모으고 있는데 한 30마리는 먹이도 없으면서 줄을 서서 빈둥거리는 걸 봤대. 그래서 그 30마리를 들어내고 70 마리를 살펴보니 이번엔 20마리쯤이 놀고 있는 걸 보았다더라고.

어디를 가나 게으른 사람은 있을 것 같아. 대신 게으름뱅이는 다른 친구들에게 환영받지 못할걸. 왕따 당하지 않을까?

마지막으로 꿀벌처럼 사는 삶을 얘기해주셨다지. 꿀벌의 삶은 어떻니? 혼자서 외로이 살아가니? 자기들의 이익만을 위해서 일하니?

그래. 꿀벌은 여럿이 힘을 모아 사니까 외롭지 않을 것 같고, 자신들의 꿀을 남에게 되돌려주니 좋은 것 같지 않아? 도시의 그 선생님은 어떤 삶을 살기를 바라고 이런 말씀을 해주셨을까?

마지막으로 농촌의 다섯 형제가 아버지에게서 들은 이야기를 들어보렴. 집안일도 잘 거들고 틈틈이 책도 보며 살아가는 오형제에게 무엇을 깨우쳐주려는 이야기인지 우리도 생각해보자. 그 아버지는 다섯 손가락 얘기를 들려주셨다지. 이야기인즉 다섯 손가락이 저마다 자기의 자랑을 하며 야단들이야.

엄지손가락은 '으뜸'이라는 뜻을 표시할 땐 자기를 내세우니 자기가 제일이라는 거야. 집게손가락은 뭔가를 집을 때 자기가 없으면 제대로 되는 일이 없고, 또 뭔가를 가리킬 때 집게손가락만 세우고 나머지 손가락은 별 쓸모가 없다며 우쭐했다지.

가운데 손가락은 자기는 키가 제일 크고 멋지게 생겼다는 것만 봐도 제일이라고 자랑했대. 반지 손가락은 주인이 가장 아끼는 반지를 자기의 몸에 끼워주시는 것만 봐도 단연 자기가 가장 으뜸이라는 거였어. 신랑 신부가 사랑의 증표도 자기에게 보관한다고도 했지.

이때 새끼손가락은 고민했어. 중요한 약속을 할 때 자기를 쓴다고 말할까, 아니면 제일 귀엽다고 말할까? 그런데 영 어울리지 않는 주장 같았어. 순간 확 죽고 싶은 심정이 생겼어. 그래서 자기가 없는 손을 생각하니 기가 막히는 거야. 새끼손가락이 없으면 그 손은 어찌 되겠어?

그래서 마지막으로 새끼손가락이 한 말은, "내가 없으면 너그들은 다 병×이여!"

그렇게 우쭐대고 자신만만했던 손가락들은 아무 말도 못 했대.

이 말을 듣고 오 형제는 생각했대. 새끼손가락이 소중하듯 형제는 서로 존중하며 형제간에 우애를 쌓아가며 잘 살았대.

성주쌤에게서 들려오는 소리를 귀담아 들은 꽃내음 마을의 꽃들은 모두가 아름다운 꽃을 피웠답니다. 향기 나는 꽃이었답니다. 모두가 제 나름으로 아름답고 향기 나는 꽃이었답니다. 영원히 시들지 않은 그런 꽃들로 피었답니다.

2003년 2월 19일 밤 하고도 20일 새벽에 들려오는 소리는 영원히 메아리 되어 ○○부초 동산에 울려 퍼질 것이라고 모든 사람들은 믿게 되었습니다.

- 너그들의 영원한 샘 성주쌤 쓰다

2002문집 / 앞표지   뒤표지

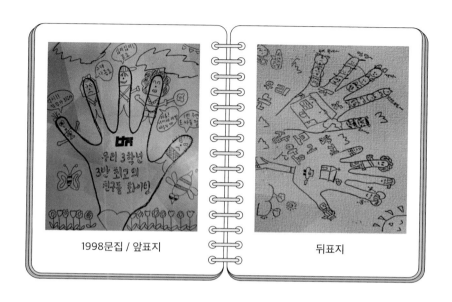

1998문집 / 앞표지   뒤표지

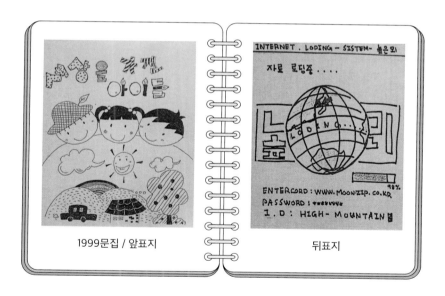

1999문집 / 앞표지   뒤표지

2003문집 / 앞표지

뒤표지

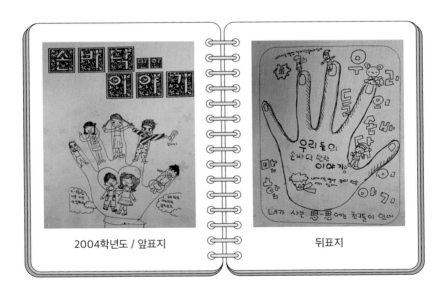

2004학년도 / 앞표지

뒤표지

초보 글쟁이 성주쌤의 미래교육 이야기

2006 학급문집

손바닥만 한 작은 이야기
"꽃들아, 네 뜻대로 피어라"

빈 윌리엄스는 다음과 같이 말하였습니다.

"동이 트는 것을 막을 수 있는 밤은 없으며 희망을 막을 수 있는 고난 또한 없다."

초등학교 6년 세월 동안 많이 지쳤으리라 믿습니다. 하지만 부족한 선생님 탓하지 않으며 '따로 또 같이' 저마다의 모습으로 자기의 꿈을 키우는 모습은 동트는 아침 해보다 더 보기 좋았습니다.

초등학교에서 배운 지식을 실천으로 옮기면 지혜가 된다고 합니다. 알고는 있으나, 실천이 되지 않아도 크게 자신을 나무랄 필요가 없습니다. 살아온 날들보다 살아갈 날이 훨씬 많다고 생각되기 때문입니다. 빈 곳은 채우면 되고, 넘치는 곳은 다른 사람에게 베풀면 되기 때문입니다. 물론 넘치지 않으면서 남을 배려하는 모습은 소중하겠지요.

다시 한번 스스로 생각해보십시오. 가정에서나 학교, 학원에서 알게 되었지만 아직 실천하지 않은 것은 어떤 것이 있는지 곰곰이 생각해보기 바랍니다. 아직 깨우치지 못한 것이 있다면 '코페르니쿠스적 발견'의 기회를 갖고 찾아주길 바랍니다. 깨우쳤지만 지금껏 실천이 잘되지 않았던 게 있다면 올해부터 시작되는 중학교 생활 동안에 실천의 기회를 꼭 가져보기 바랍니다.

　졸업하는 '63빌딩 높은뫼반' 친구들을 생각하니 씁쓸함도 좀 있지만 믿고 따라준 여러분들에게 고마울 뿐입니다. 담임 교사이기 이전에 인생의 작은 선배로서 그렇게 느낍니다.

　여러분은 선생님보다 30여 년 젊음이 있고, 패기가 있고 뜨거운 피가 흐르기에 참 부럽습니다. 부러운 당신들이기에 그저 좋습니다. 인생 선배의 진심 어린 부탁을 누구보다 잘 헤아릴 수 있을 여러분에게 다음과 같은 마음을 전하고자 합니다.

　첫째, 남과는 달라야 합니다.

　여러분의 손바닥을 자세히 보면 손가락의 길이, 모양, 손금 등 모두가 다릅니다. 이렇게 서로 다르기 때문에 주먹을 쥘 수 있습니다. 그 주먹은 힘을 느끼게 합니다. 그 힘이 우리 대한 반도의 역사를, 아름다운 우주의 역사를 창조할 날을 기대합니다.

　둘째, 날마다 변해야 합니다.

　몸집만 변해서는 안 됩니다. 키만 커서도 안 됩니다. 어제보다 오늘의 생각이 깊어야 하고, 오늘보다 내일의 행동이 신념에 가득하여야 합니다. 어제 생각 없이 등교하였다면, 오늘도 내일도 자신에게 묻고 등교하여야 합니다. '왜 학교에 가는지?'를. 부모님께서 왜 나를 꾸짖는지 모르고 오늘 말대꾸를 하였다면, 내일은 부모님의 말씀에 담긴 사랑과 열정을 새길 줄 알아야 합니다.

셋째, 자신이 한결같아야 합니다.

남과의 차이점을 갖는 일은 중요합니다. 그래야 나의 존재 가치와 존재 이유가 돋보입니다. 이승엽 야구선수가 스포츠 신문의 톱 기사로 자주 나오는 건 남다른 선수기 때문입니다. 가수 비가 한국에 머물지 않고 아시아, 미국 등으로 공연장소를 옮겨가는 건 날마다 변해야 한다는 걸 느꼈기 때문입니다. 그러나 잊으면 안 되는 게 있습니다. 남과는 달라도, 날마다 변하더라도 자신은 한결같아야 합니다. 나는 나다워야 합니다. 내가 이승엽 선수나 가수 비가 되어서는 안 됩니다.

이제 여러분을 좀 더 넓은 세상, 아직 가보지 않은 세상으로 보내고자 하니 설렙니다. 그리고 고등학교, 대학교 생활, 그 후의 모습을 생각하니 입꼬리가 올라가고, 흐뭇한 미소를 머금게 됩니다. 주먹을 쥐게 되고, 이내 박수를 치게 됩니다. 더군다나 지구촌 시대에 '반기문 유엔사무총장 당선' 같은 위업을 신문의 1면 머리기사나 TV의 톱뉴스로 접할 것을 생각하니 숨이 멎을 것만 같습니다. 여러분은 나의 희망이고, 대한 반도의 중심 무대에서 역사를 쓸 '63빌딩 높은뫼반'의 꿈이고 현실이기 때문입니다.

난 여러분을 믿기에 다른 말이 더 필요하지 않습니다. 앞서 말한 이야기를 한 번 더 읊조리며 펜을 놓고자 합니다. 포트 온도가 임계점 99도를 지나 1도를 더하여 100도가 되면 난 핫한 커피 한잔을 할까 합니다.

남과 다른 사람이 되어주소서.

날마다 변하는 사람으로 거듭나소서.

그래도 한결같은 나다움을 잃지 마소서.

- 마르지 않는 샘 성주쌤 쓰다

2005학년도 / 앞표지   뒤표지

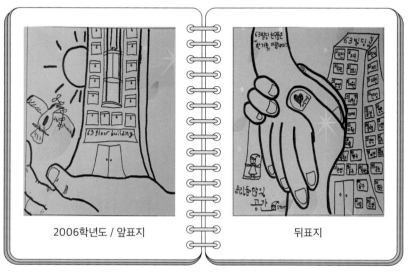

2006학년도 / 앞표지   뒤표지

제45회 졸업 기념 논문집
"나는 Na를 사랑합니다"

63빌딩 높은푀반 친구들아,

높이 나는 새 멀리 보고,

낮게 나는 새 자세히 본다더구나.

낮게

나는 새도 더 눈여겨보자꾸나.

빨리빨리 배워서 남보다 앞서야 한다지만

속독법을 배우더라도 마음을 열고 느낌을 간직하며.

천천히

좀 늦더라도 다독 대신 정독을 하자꾸나.

63빌딩 높은푀반 식구들아,

적은 지식이면 어떻지?

적은 지식이라도 실천해야 지혜가 된다는 걸 마음에 새기렴.

낮게 자세를 낮추고

책 속의 선현들의 지혜를 네 것으로 만들렴.

좀 늦으면 어떠니?

좀 더 시간이 걸리더라도 자세히 알아야 참지식이 된다는 걸 가슴에 새기렴.

천천히 내 지식을 찾으려고

인터넷 검색 대신 책 한 권에 파고들렴.

'낮은 자세로, 천천히 정독하는 자세가 나를 사랑하는 것입니다.'

- 마르지 않는 샘 성주쌤 쓰다

앞표지   뒤표지

     초보 글쟁이 성주쌤의 미래교육 이야기

는

하　　　　세

화　　　　　　상

변　　　　　　　　에

질　　　　　　　　요

문　　　세

하

출처 : '프리워커스' 中에서

관심 속에 자란 아이
자긍심을 배우고

인정과 우정 속에 자란 아이
온 세상에 사랑이 충만함을 알게 된다

2장

학교신문 및
학교문집 발간사

"○○초등에서 한국의 대통령이"

케냐의 시골 마을 염소지기의 아들이 세계 최강 국가 미국의 대통령이 되었습니다. 여러분과 함께 할 수 있는 이 소중한 기회를 버락 오바마 미국 대통령 이야기로 나눠보고 싶습니다. 꿈을 노래하고, 도전을 이야기하고 싶기 때문입니다.

오바마가 대통령이 될 수 있었던 것은 어떤 어려움에 부닥쳐도 흔들림이 없이 침착하였고, 온갖 비난에도 화를 내지 않고 참아냈으며, 남의 말에 귀를 기울일 줄 아는 숨겨진 리더십이 있었기 때문이라고 합니다.

○○초 어린이 여러분, 생각을 바꾸어야 합니다.

어려운 환경에서 미국 대통령이 된 버락 오바마의 이야기는 남의 이야기가 아닙니다. 대한민국의 역사책에, 세계사에 여러분의 이름도 또렷이 새겨질 날이 옵니다. 정말이지 모든 것은 마음먹기에 따라 일순간에 달라지는 것입니다. '자살'이라는 글자를 반대로 하면 '살자'가 되며, '내 힘들다'를 뒤집어 읽으면 '다들 힘내'가 됩니다.

○○초 어린이 여러분, 꿈을 가져야 합니다.

대한민국엔 ○○초 꿈나무가 자라고 있습니다. 여러분의 꿈은 저마다의

얼굴만큼이나 다양합니다. 그 꿈이 무엇이든 여러분이 이루어내면 아름
다움이 됩니다. 여러분이 잘 아는 반기문 아저씨(유엔 사무총장)의 이야기,
아시아를 넘어 세계 무대를 누비는 음악인 조수미나 장한나, 야심찬 가수
비(Rain), 불모지나 다름없던 피겨스케이트나 수영 등에서 당당히 세계 으
뜸이 된 김연아, 박태환 등의 이야기는 꿈을 이루기 위해 도전한 사람들
의 이야기입니다. 훗날 ○○초 꿈나무들의 이야기가 될 것입니다.

 ○○초 어린이 여러분, 끝없는 도전을 하여야 합니다.
 바다에 사는 수많은 물고기 가운데 유독 상어만 부레가 없습니다. 부레
가 없으면 물고기는 가라앉기 때문에 쉬지 않고 도전하였습니다. 상어는
가장 힘이 센 물고기가 되었습니다. 상어가 도전한 것처럼, 우리도 도전이
라는 두 글자를 깊이 새겨야 합니다.

 오바마 대통령은 당선 연설에서 다음과 같이 외쳤다고 합니다.
 "Yes, we can (그래요, 우리는 할 수 있습니다)!"
 ○○초 어린이 여러분, 우리도 함께 외칩시다. 그리고 '우리도 할 수 있
다!'라고 아래에 써봅시다. 마음속에 새기듯이.

(새기는 곳: !)

2011 학교신문 졸업특집호

"꿈이 있으니까 청춘이다"

즐겁게 맞이하고 싶은 졸업이고, 해마다 보내는 아이들이지만 무슨 말로 작별 인사를 해야 할지 제법 짐으로 다가옵니다. 6학년 여러분에게도 중학교 입학이라는 설렘과 졸업이라는 아쉬움이 함께할 것이라 여깁니다. 선생님도 여러분처럼 설렘과 아쉬움을 담아서 조용히 담소를 나누고자 합니다. 어떤 이야기를 나눌까 준비하는 마음으로 『아프니까 청춘이다』라는 책을 두 번 읽었습니다. 대학교 졸업식을 앞둔 저자(교수)의 이야기라서 초등학교 졸업식을 앞둔 나의 이야기로 해석하려니 어려웠습니다. 그래서 내 방식대로 63빌딩 높은뫼반 친구들과 이야기하렵니다. 번호대로 1명씩 나의 생각을 전합니다.

먼저, 1번 민○야, 내 앞으로 와보렴. 동작이 느리지만 한결같은 민○에겐 우보만리(牛步萬里)란 말을 전하고 싶다. 소걸음처럼 '꾸준히' 걸으면 만리(4,000㎞)를 가듯 한결같이 우직하게 한 우물을 파보렴.

재○아, 재밌나? 언젠가 숲 체험 갔을 때, 너는 너다운 모습으로 한 그루 나무 앞에서 나무와 대화의 시간을 갖고 있더구나. 남과 다르게 생각하고 행동한다는 점이 좋았어.

달리기, 태권도, 그리기, 야구 등 만능 탤런트 Jun(원○), 에이브럼 링컨의 말을 새겨보렴. '내게 나무를 벨 시간이 8시간 주어진다면, 그중 6시간은 도끼를 가는 데 쓰겠다'라는 말을!

다음은 이니셜이 LHJ(이○주)구나. 공평하게 대하고 공정하게 학급을 이끌고 싶었는데, 너에게 좀 더 정을 많이 느꼈던 것을 고해성사한다. 너는 훗날에 공평하고 공정한 사회를 위해 힘써주렴.

다음은 승○ 차례. 금요일엔 어김없이 칠판을 깨끗이 닦고 가는 책임감을 잊을 수가 없구나. 가정이든 사회든 나라든, 너처럼 주어진 일에 열정을 다한다면 아름다운 거야. 참고로 열정(passion)의 어원은 아픔(passio)이란다. 고생 많았多.

다음은 까무잡잡, 자연 퍼머(곱슬) 6번 건○아, 이리 온나. 운동을 잘하고 성격 좋은 건○이는 언젠가 3인조 '주차금지 표지판 사건'을 일으켰지. 하지만, 스스로 전화를 걸어서 잘못을 인정했다. 스스로 자신을 바로 세울 수 있다는 건 멋진 거야.

진○이는 수학도 잘하고, 내공도 꾸준히 쌓고 있어서 SKY대학에 갈지도 모르겠다(SKY대학이 최고라는 뜻은 아님).

부반장 제○에게선 '한결같은 반듯한 글씨'와 '탁월한 리더십'을 보면서 대한민국의 미래를, 거목으로 자라줄 네 모습을 본다.

꾀돌이 주○이는 지혜롭고 총기가 있어서 꾸준함이 보태진다면 형처럼 공부도 잘하여 '형제는 용감했다'라는 말을 듣겠지.

힘이 세고 사내다운 재○이에겐 1-1법칙을 소개한다. 하루 1시간씩 1년간 노력하면 무엇이든 꽤 잘할 수 있다는 법칙이란다. 꼭 1-1 법칙을 실천해보렴.

11번 중○는 학생다워서 멋지다. 중학교에 진학하여 더욱 공부 잘한다는 소문이 MBS(?) 뉴스에 나올 법하다.

꽁트 달인 차○이는 예능감이 좋아서 훗날에 TV에서 많이 볼 수 있을 것 같구나. 'TV는 사랑을 싣고'에서 날 찾지는 말거라. 난 그때 더 바쁘고 귀하신 몸이 되어 있을지 모르니까!

배는 토실하지만 태권도가 일품인 원○이는 꿋꿋하게 자라줘라. '신은 사랑하는 사람을 시련으로 단련시키기도 한다'라는 말을 새기며.

중○처럼 학생다운 친구가 승○이지. 봄방학 때, 아빠와 단둘이 졸업여행을 떠나보렴. 카메라, 휴대폰은 서랍 속에 넣어두고 떠나보시라.

나는 누군가에게 건네줄 수 있는 최고의 선물은 '웃음'이라고 생각한다. 그런 웃음을 1년 동안 건네준 친구 정○아, 이 세상을 웃음의 도가니에 빠뜨려줘라.

다음은 16번 윤○야, 이야기 좀 하자꾸나. 언어 달인 윤○는 전학을 와서 친구들과 잘 적응한 점이 돋보인다. 새로운 환경에 잘 적응하고 리더가 된다는 건 네가 가장 진화한 동물(인간을 일컫는 고도의 애칭)이라는 증거란다. 네가 언어 달인인 것처럼, 성주쌤도 언어 마술사라는 말을 듣는다고 차마 밝힐 순 없다.

'미소상'에 빛나는 정○이는 웃음, 말투, 눈빛이 선(善)함 그 자체란다. 그 선함이 'SUN함'이 되어 이 세상을 밝혀주리다(아멘, 아멘은 특정 종교와 무관함).

줄넘기를 잘하는 승○이는 이유도 잘 대지만 책을 즐겨 읽기에 너의 앞날에 무한 신뢰를 보낸다. 밥은 한 끼 굶어도 책은 한 끼도 놓치지 말거레이.

규○이가 '고등학교 수학 정석'을 본다는 정보를 들었을 때, 선생님은 2

초보 글쟁이 성주쌤의 미래교육 이야기

가지 색다른 느낌을 가졌단다. '지금 알고 있는 걸 그때도 알았더라면', 그리고 '나중 알아도 될 일을 지금 서둘러야 하는가'. 이 물음엔 정답은 없지만 해답은 있을 것이다.

남학생 마지막 이○우, 12월 중학교 입학원서를 쓸 무렵에 규○이와 함께 무슨 음모(?)를 갖고 왔다고 오해할 수 있지만, 정확한 정보에 의하면 63빌딩에서 훌륭한 가르침을 받고자 전학 왔다고 하니 의심 없기를(이제 여학생과 이야기할 차례구나. 이쯤 해서 나도 커피 한잔 꿀~꺽).

41번 이○주는 전학을 갔다. 생각이 깊고 책을 즐겨 읽는 지독한 책벌레였지. 선생님이 젤 좋아하는 벌레가 책벌레인데…. 훗날엔 인권운동가가 되어 있을지도 모르겠다.

눈망울이 크고, 학생다운 소녀는 역시 예○이(여성다움이나 남성다움은 부적절한 용어지만, 학생다움은 적절한 용어로 사료됨). 여러 가지 재주가 너무 많지만, 유독 수학을 힘들어 했는데 요즘은 자신감이 붙어서 걱정이 없어진 거 같아. 청춘들은 대체로 가장 일찍 꽃을 피우는 '매화'가 되려고 할지 모르지만, 꽃은 저마다 피는 계절이 다르단다. 예○ 꽃으로 피어나렴.

가장 성실한 친구, 박○현. 쌍둥이 동생을 돌보는 모습, 숙제를 성실히 하는 모습에서 네 미래는 밝고도 밝도다. 쌤이 널 자주 놀린 이유는 나도 아직 모른다.

학습장 정리가 깔끔한 민○야, 안○수 교수도 지독한 메모광이었단다. '적는 사람이 생존한다'라는 뜻으로 적자생존이라는 신조어를 명심하렴.

아토피로 고생을 하지만, 성실하고 밝은 지○이는 뭐든 열심히 한다는 점이 돋보여. 몸과 맘이 건강한 모습을 소망한다. 나의 기도는 늘 통(通)했단다.

이젠 46번 부반장 민〇이 차례구나. 정확히 검증한 건 아니지만 아이큐가 젤 높지 않을까 추측해본다. 늘 부탁한 것처럼, 몸으로 행동하고 마음이 따뜻한 휴먼 민〇이가 되었으면 한다. 그리고 믿는다.

많은 친구들로부터 부러움을 받고 사는 반장 나〇아, 1년 동안 본보기가 되어주어 고맙구나. 〇〇중에 패스하길 바랐지만 또 다른 너의 미래가 있다고 생각하렴. 블로그에 보면 '부러우면 지는 거다'라는 말이 많지만 쌤의 생각은 '부러워하지 않으면 그게 지는 거다'라고 생각해. 늘 겸손하며 생물학자의 꿈이 대한의 역사에 남기를.

말수가 적고 생각이 깊은 외유내강 채〇이. 좀 더 의사 표현이 많길 바라기도 하지만, 너는 충분하다. 웃음기 섞인 말이긴 하지만 '말은 골라서 하면 배려, 마구 하면 배설'이라고 했다.

어이~ 거기 히죽대는 선〇야, Come on. 아마 훗날 30명의 제자 중 네가 젤 기억에 남을 거 같구나. 좋은 모습으로 변하는 네가 소중하다. 변하고 또 변하거라. 그게 선아답고 밝은 네 모습이다.

미화부장의 역할을 잘해준 효〇이. 훗날 어떤 모습으로 자랄까 무척 궁금하기도 하다. 하지만 확실한 건, 잘 자라주어서 만인의 기대를 저버리지 않을 것이다. 잘 자라주거라, 효〇아.

이젠 마지막 한 명만 남았구나. 저마다 비슷한 분량으로 이야기 나누고 싶고, 진솔한 마음을 필터링 없이 전하고 싶었는데, 잘되고 있는지 모르겠다.

채〇아, 니 생각은 어떻노? 채〇이는 수업 중에도 열심히, 방과후학교에서도 열심히 공부하더구나. 그래서 늘 2등을 왔다갔다 했지. 때론 1등보다 2등이 좋은 점이 많단다. 꼭 2등만 하란 뜻은 아니야. '감옥과 수도원의 차이는 불평을 하느냐, 감사를 하느냐에 달렸다'라는 것을 상기해보렴.

이상으로, 짧지만 1년을 추억하면서 20년 후를 내다보려 노력하면서 이야기를 나눴습니다. 6학년 모두와 함께 담소를 나눌 수 없음을 안타깝게 생각합니다. 6학년 여러분, 다들 졸업 축하합니다. 그리고 잘 자라주길 바랍니다. 언제 어느 곳이든 이런 생각을 새겨보세요.

'그때 그 자리에 그 사람이 있었다'라는 말을.

2015 학교신문 네모동이

"상상하자"

'상상하자' 너의음성, '想상하자'

올해부터 연간 4회 발간되는 학교신문 펴내는 글(발간사)를 쓰려니 이래 저래 고민이 많습니다. 어떤 내용을 담을까, 누구를 대상으로 쓸까, 어떤 형식의 글을 써볼까, 보통의 글 대신 시로 간략하게 담을 수 있으면 좋으련만, 많은 사람의 마음에 새길 수 있는 내용을 담아야 할 텐데.

글은 마주 앉아 주고받는 말과는 달리 서먹하고 어색하기에 애써 말하듯이 써보렵니다. ○○초 학생 여러분, 보호자님, 교직원 여러분 좀 더 가까이 오세요. 마치 눈과 눈을 마주치며 이야기한다는 상상을 하면서 글을 읽어주고, 마음을 열고서 이야기를 주고받기를 소망합니다.

똑똑이, 바름이야 이리 오세요. 튼튼이, 끼동이도 함께 다가오세요. 그래서 ○○초 네모동이 모두가 함께 다음 '새장 속의 새' 그림을 보고 맘껏 상상의 날개를 펴보고 싶습니다. 오른쪽에 생각을 써보고 친구와 이야기도 나눠보길 바랍니다.

<상상의 날개를 펼치는 곳>

    ○○ 학생 여러분, 똑같은 그림을 보고 우리는 서로 다른 상상을 할 것입니다. 다소 비슷한 생각을 한 친구일지라도 좀 더 뒷이야기를 꾸며보면 모두가 다른 생각일 테지요. 새장 속에 갇힌 새는 날 수 없지만, 여러분의 상상은 맘껏 날 수 있습니다. 생각에 날개를 달면 현실이 됩니다. 모두가 하늘을 날 수 없다고 생각했지만, 라이트 형제가 하늘을 날고 싶다는 꿈을 가졌기에 비행기를 만들어 현실이 된 것처럼.

    보호자님, 교직원 여러분, 상상(想像)의 한자 '想'의 생김새를 보세요. 모두가 나무의 입장이 되어 나무(木)에게 눈(目)이 있다면 어떨까, 나무에게도 마음(心)이 있다면 어떻게 될까 상상하면 누구나 시인이 되실 것 같습니다. 한편, 모두가 나무(木)를 바라보는 방법을 눈(目)으로 보지 않고, 마음(心)으로 바라본다면 모두가 화가나 다름없을 것입니다. 자녀교육을 하실 때나 학생 진로교육을 하실 때, 아인슈타인의 말을 기억해주시면 감사하겠습니다.

    "Imagination is more important than knowledge(지식보다 중요한 것은 상상력이다)."

"걸어온 길, 나아갈 길"

'네모동이 이야기'의 여는 글입니다. **한 학기 동안 걸어온 길, 앞으로 나아갈 길**을 여러 사람의 생각으로 담아봤습니다.

대담 1: 걸어온 길

황○○: 한 학기를 마무리하면서 보람 있었던 일, 아쉬웠던 일을 말씀해 주십시오.

교 장: 보람 있었던 일은 네모동이들과의 간담회(7월 3일, 교장실)에서 학생들의 이야기를 들은 일입니다. 학생들이 외발자전거, 티볼 강습, 컴퓨터 코딩 등 외부 강사를 통해 새로운 학습 기회를 얻게 되어 기뻤다고 소감을 얘기했을 때 나 또한 기뻤습니다. 아쉬웠던 점은 옐로우 카펫 설치, 운동회 도우미, 교통 캠페인 등 보호자님의 봉사활동에 점심을 대접하면서 감사함을 진하게 전하지 못한 점입니다.

교 감: 등굣길 교문에서 학생들과 서로 환하게 인사를 주고받을 때마

다 행복했고 보람을 느꼈어요. 하지만 ○○ 친구들에게 더 많은 사랑을 주지 못한 점이 아쉽네요. 우리 선생님의 이야기를 들었으니 회장단 여러분의 이야기도 듣고 싶은데….

오○○: '푸드 비타민' 활동을 통해 자신감도 높이고 친구에 대한 배려심도 기를 수 있어 좋은 경험이었습니다. 그리고 1학기를 마무리하면서 '2학기 때는 더욱 노력해서 더 좋은 부회장이 되어야지!'라는 생각이 듭니다. 방학 잘 보내세요!

이○○: 저는 아침 방송이나 학급회의 등의 활동을 통하여 부회장으로서 조금이나마 학교에 도움이 되는 일을 한 것 같아 보람되었습니다. 하지만 부회장으로서 친구나 동생들을 많이 도와주지 못한 것 같아 아쉽습니다.

황○○: 저에게 가장 보람 있었던 일은 5월 1일 ○○ 한마음 운동회에서 선서를 한 것입니다. 저는 많은 사람들 앞에서 긴장을 많이 하고 떨려서 말도 잘 못하는 성격인데, 전교생과 보호자님, 선생님들 앞에서 선서를 했던 것이 저에게는 매우 큰 도전이었고 용기가 필요한 일이었습니다. 만족스럽진 않았지만 도전만으로도 큰 보람이었던 것 같습니다. 그리고 多온리데이에 귀엽고 예쁜 1학년 동생들에게 책을 읽어주었던 일이 뿌듯하고 기분 좋은 기억으로 남아 있습니다. 아쉬운 점은 몇몇 친구들과만 어울리면서 많은 친구들과 다양한 추억을 만들지 못했습니다. 2학기에는 여러 친구들과 좋은 추억을 쌓고 싶습니다. 6학년 1반 모두 사랑해!

대담2: 나아갈 길

교 장: 회장단 여러분에게 초등학교 생활은 이제 반년(2학기) 남았는데, 학교에 바라는 점이 있다면 듣고 싶네요.

황○○: 학생들이 보다 자연과 어울릴 수 있는, 숲 체험이나 텃밭 체험과 같은 학교 밖 자연체험학습 기회가 있으면 좋겠습니다.

이○○: 학생들에게 도움이 되는 학교 밖의 프로그램이나 외부 강사 프로그램을 많이 했으면 좋겠습니다.

오○○: 작년에 감전 생태야생화단지로 체험학습을 갔을 때 나뭇잎이나 풀로 메뚜기, 여치 등 모형을 만들었습니다. 그런 체험학습의 기회가 더 많았으면 합니다. 자연과 함께 하는 체험학습을 통해서 우리 학교 아이들이 자연을 보호하고 아껴야 한다는 점을 알고 자연과 더욱 친해졌으면 좋겠습니다.

오○○: 교장 선생님, 교감 선생님께서도 방학을 앞둔 저희들에게 바라는 점이나 부탁 말씀이 있으시면 말씀해주세요.

이○○: 2학기에 또는 앞으로 학교 발전을 위해 갖고 계신 생각도 듣고 싶습니다.

교　감: 네 가지 부탁할게요. 하나! 자기가 해보고 싶은 것 마음껏 해보기. 둘! 다양한 체험으로 좋은 추억 만들기. 셋! 책을 통해서 지혜 주머니 키우기. 넷! 나에게 맞는 운동 정해서 규칙적으로 실천하기. 네 가지 중 한 가지만이라도 꾸준히 실천한다면 보람된 여름방학이 되겠지요. 2학기에는 1학기보다 네모동이 친구들이 더 행복하길 바라요.

교　장: 방학을 맞이하는 네모동이들 모두 건강하고 즐거운 방학이 됐으면 합니다. 학교 안에서 할 수 없는 다양한 체험, 가족과 함께 할 수 있는 경험을 많이 하길 바랍니다. 우리 ○○초등학교의 발전을 위해서 지금처럼 학생, 보호자, 교직원이 서로 이해하고 신뢰하며 힘을 모아서 꿈을 노래하고 사랑을 실천할 수 있도록 저도 노력하겠습니다. 학교신문 「네모동이 이야기」 발간을 위해 애쓰신 선생님들 수고하셨습니다. 보호자님, 학생 여러분 감사합니다.

　　망가진 모습으로, 구겨진 모습으로 웃음을 드리고 싶었습니多.
⇨ 웃Go~ 웃自

해마다 학교신문의 1쪽에는 교장 선생님 사진이 실리고 한 사람의 글이 실렸습니다. 고정관념 아닐까요?
⇨ 유유아자

한 사람의 글보다 여러 사람의 글을, 일방적인 이야기보다 소통하는 글을
실어 변화에 도전하고자 하였습니다.

⇨ **모험하자**

학생들이 교문을 들어서면서 6년 동안 매일 새기게 될 메시지를 무엇으로 할까 고민 끝에
3가지 채널 문자로 담았습니다. 긍정의 힘으로, 상상의 힘으로 세상을 향해 도전하길 바랍니다.

초보 글쟁이 성주쌤의 미래교육 이야기

2019 학교신문 「○○ 어린이 신문」

"발간을 축하합니다"

'코로나로 우리 흔들릴지라도 그래도 감사할 일이다.'

학교신문 담당 선생님한테서 원고를 부탁받는 그 순간에 내 손엔 『희망의 레시피』라는 책이 들려 있었습니다. 우연히 나는 「풀꽃으로 우리 흔들릴지라도」라는 시 한 편을 마주하고 있었습니다.

> 우리가 오늘 비탈에 서서
> 바로 가누기 힘들지라도
> (이하 생략)

필연적으로 이 시가 내게로 다가와 학교신문의 인사말이 된 까닭은 내 마음이 시가 되었고, 나는 그 시인(김현숙)의 일부가 되어 여러분께 인사말을 전하게 된 셈이지요.

코로나로 우리 모두가 비탈에 선 느낌, 벼랑에서 몸을 가누기 힘든 순간들이 하루 이틀 더하여 한 달이 되고, 한 달 또 한 달을 더하여 반년 가까이 코로나와 함께 살아왔습니다.

정말이지 힘든 나날들이지만, 여러분에게 희망을 노래하고 싶습니다.

신은 누군가를 넘어뜨릴 때, 패배를 안기려는 것이 아니라 역경을 이겨내서 결국은 희망과 용기를 가르친 것일 테니 다음과 같이 희망을 노래하며 인사말을 드리고자 합니다.

첫째, 코로나 너로 인하여 우리는 가정의 소중함을 느끼게 되었습니다.
예전보다 직장에서 일찍 들어오시는 가족이 있어 저녁 밥상이 즐겁고, 대화로 넘치는 날들이 소중했을 것입니다.

둘째, 코로나 너로 인하여 모두가 배려하는 마음이 몸에 배게 되었습니다.
내 몸을 배려하려고 손 씻기를 실천하고, 상대방을 배려하려고 매일같이 마스크를 쓰고 다니게 되었습니다. 그런 배려가 세상을 아름답게 함을 느꼈을 것입니다.

셋째, 코로나 너로 인하여 경청도 소중한 대화법임을 알았습니다.
예전엔 대화란 말을 주고받는 것이라는 생각을 했지만, 지금은 마스크 뒤에 숨은 상대방의 표정이나, 손짓을 눈여겨보는 습관까지 생겼습니다. 말하지 않아도 소통이 되고 있음을 느끼곤 합니다.

○○의 교육 가족 여러분, 코로나로 힘든 상황은 저마다의 지혜로서 이겨내고 고달픔은 집단지성으로 극복해 모두가 무탈한 ○○ 가족이 되셨으면 합니다.
그리하여 교육 가족 모두가 건강하고 행복하시길 빕니다.

초보 글쟁이 성주쌤의 미래교육 이야기

2020 학교신문 「새아침」

"졸업을 축하드립니다"

○○ 교육 가족 여러분, 반갑습니다.

우선, 코로나로 특별한 한 해를 보낸 6학년 졸업생 여러분, 특별히, 간절히 졸업을 축하합니다. 보호자님, 6년 동안 자녀 뒷바라지하시느라 수고 많으셨습니다. 선생님들, 참되거라 바르거라 가르치신다고 애쓰셨습니다.

졸업생 여러분! 여러분께 미안한 마음, 고마운 마음, 바라는 마음을 차례로 전하고자 합니다.

첫째, 졸업생 여러분, 미안합니다.

코로나를 빨리 끝내지 못해 인생 선배로서 미안합니다. 학예회를 성대하게 치르지 못하고, 언/택/트/ 학예회로 대신하게 됐습니다. 넓은 운동장에서 운동회를 치르지 못하고, 스포츠 주간으로 축소했기에 미안합니다. 그토록 가고 싶은 수학여행을 못 갔기에 더욱 미안합니다.

둘째, 졸업생 여러분, 고맙습니다.

6년 동안 힘든 일, 궂은일, 슬픈 일도 없지 않았을 텐데 참고 이겨냈기에 고맙습니다. 학년이 높아질수록 스스로 할 수 있는 일이 많아지고, 도움을 받는 사람에서 도움을 주는 사람으로 성장하였고, 막연한 꿈도 좀 더 분명한 꿈으로 변하였기에 고맙습니다.

셋째, 졸업생 여러분, 바랍니다.

여러분께 바라는 점은 자신의 건강을 위해 1일 1운동, 가족의 화목을 위해 1일 1선행, 대한민국의 발전을 위해 무엇을 할지 상상하고 준비하여 1인 1역할을 꼭 해주십시오.

여러분 모두를 믿습니다. 사랑합니다, 여러분!

"우린, 설렘으로 살 수 없을까"

○○ 졸업생 여러분, 한 학년 동안 최고 학년으로서 멋졌습니다. 멋진 나의 제자들이 설렘 가득한 삶을 살길 바라는 마음으로 소망합니다.

첫째, 내가 나에게 설렘을 갖는 날이 되도록 삽시다.

우리는 '취향존중의 시대'에 살고 있습니다. 유행에 따르는 삶도 좋지만, '나는 나다'라는 생각으로 살아보는 것도 개성 만점입니다. 나의 초등학교 시절에서 어제와 다른 오늘을 살았듯이 중학교에서도 오늘과 다른 내일을 살기 바랍니다. 나의 도화지에 남이 바라는 색이 아니라 나의 취향에 맞는 색깔을 칠하시기 바랍니다.

둘째, 내가 상대에게 설렘을 주는 날을 선물합시다.

우리는 '더불어 사는 사회'에 살고 있습니다. 더불어 산다는 것은 승패 게임에서 일부러 져주는 것이 아니듯, 졌다고 복수를 해야 하는 것도 아니듯, 정정당당한 기회의 땅에서 선의의 경쟁을 통해서 상대방에게 나의 존재감을 보여주는 것이 곧 상대에게 설렘을 주는 것입니다.

셋째, 내가 모두에게도 설렘을 줄 수 있음을 잊지 맙시다.

우리는 '4차 산업혁명 시대'에 살고 있습니다. 인공지능이 가질 수 없는 창의력과 공감능력을 가진 사람이 이 세상의 리더가 된다고 합니다. 이 세상의 리더가 되어 모두에게 설렘을 줄 수 있길 소망합니다.

내가 나에게, 내가 상대에게, 내가 세상 사람 모두에게 설렘을 선물할 수 있다면 나는 잘 살고 있다는 뜻입니다. 잘 사세요!

초보 글쟁이 성주쌤의 미래교육 이야기

"교/대/부/초/ 4불 정신을 새겨봅시다"

○○초 교장실 책상 위에 새겨둔 글이 있습니다. ○○초 선생님들께 부탁하는 말이 있습니다. 이제 졸업생 여러분에게도 아껴둔 이야기를 하고자 합니다. 교대부초 4불 정신입니다.

행복 교육 1번지, ○○초에서 6년의 세월을 보낸 졸업생들이 4불 정신을 실천한다면 '인류의 글로벌 리더'가 꼭 되리라 봅니다.

첫째, 교만하지 않기.

교만이란 겸손함이 없이 잘난 체하는 건방진 태도를 말합니다. 말을 겸손하게 하고, 행동을 신중하게 하여야 합니다.

둘째, 대충하지 않기.

좌우명을 '대충 살자'로 정한 사람도 있고, 『10대를 위한 ―단순하게 살아라』란 책도 있습니다. 단순하고 느리게 살더라도 얼렁뚱땅 살지는 맙시다.

셋째, 부끄럽지 않기

학생으로서 규칙을 어기거나 인간으로서 상식에 어긋난 행동을 하면 마땅히 지탄을 받게 되어 있습니다. 법과 원칙이 허용하는 세상에서 주눅

들지 말고 당당한 용기로 도전하며 살기 바랍니다.

넷째, 초심 잃지 않기

자신의 꿈을 키워 인류의 리더가 되겠다는 초심을 잃지 마십시오. 꽃과 노래와 웃음이 있는 ○○초 6학년 졸업생 여러분! 교만하지 않고, 대충 살지 않길 바랍니다. 또한, 부끄럽게 행동하지 말고 초심을 잃지 마시길 바랍니다. 감사합니다.

학교신문(영자신문) 「Dream post」

"My Three Wishes"

Every living creature on this planet has their own wish. Each person has a different wish that they desire to achieve. As the principal of wonderful Buseol Elementary School, my three wishes are as follows.

My first wish is that my students spend time with joy and enlightenment together. The ways to bring joy and enlightenment together are reading 1 book per day, performing 1 good work per day, and 1 question per day. I think reading a book, performing one good work, and asking yourself one question every day will benefit you in life.

My second wish is that teachers spend meaningful and fun time together. I think this can be achieved by experiencing the culture we study, creating a world where people live together, and ask ourselves questions about how our school should change every day.

My third wish is that the parents of our students share happy and fruitful meetings together. I think such meetings are precious in that they will foster our love towards our children, build trust in the teachers, and strengthen love among parents themselves. The way to love your child is to ask your child to go to school, "Listen carefully to the teacher and ask at least one question a day." It is the task of confirming the children who are leaving school, "Who did you perform your service with today and what was it?" The way to maintain trust between the teacher is to continue with things as they are now. I think the way parents can love themselves is to love much more than now.

내게 3가지 소원이란(요약)

올해 자랑스러운 ○○초의 교장으로서 3가지 소원은 다음과 같습니다.

첫째 소원은 학생 여러분이 즐거움과 깨달음이 함께하는 시간을 보내는 것입니다.

둘째 소원은 선생님 여러분이 의미와 재미가 함께하는 시간을 보내시는 것입니다.

셋째 소원은 학부모님 여러분이 만남과 만족이 함께하는 시간을 보내시는 것입니다.

"Three Lessons from my Mother"

I have so many things I want. I still can't have them all, so I've only picked three wishes. If I could have all three, I would be happy.

The first lesson was the diligence that my mother showed me.

My mother went out to work in the paddy fields or in the mountains early in the morning. Thanks to her hard work, we got the most harvest in town, in the fall. I wish to be this diligent.

The second lesson was the giving that my mother carried out.

In the fall, much of the harvest was stored in the warehouse. When relatives visited, my mother packed and handed over grain to them. Occasionally, when a relative liked alcohol visited, she generously served Dongdongju(folk liquor), made at home. I wish to be this generous.

The third lesson was the knowledge that my mother worked hard for. There were many times in my life that she wanted to learn to write so she asked me to write word cards. She used to ask me to write lyrics so she could learn to sing. All day, she worked in the paddy fields, and at night she studied hard. I wish to have this passion for learning.

I will try to put into practice the three things my mother showed me(a diligent attitude, generosity, and a passion for learning). I ask that students of Buseol school set their wishes, too. The principal also hopes that your wishes will come true.

나의 어머님께서 주신 3가지 배움(요약)

첫째 배움은 나의 어머님이 보여주셨던, 부지런함입니다.
둘째 배움은 나의 어머님이 실천하셨던, 베풂입니다.
셋째 배움은 나의 어머님이 애쓰셨던, 열공입니다.
나는 나의 어머님이 보여주신 3가지를 실천하도록 노력하겠습니다.
○○초 학생 여러분도 소원을 정하여 보세요.

★ 영자신문의 제목이 "Three Lessons from my Mother"입니다. 저는 'Lesson'을 애써 가르침이나 교훈이라 번역하지 않고, '배움'이라고 풀었습니다. 어머니께서는 제게 "이래라 저래라."라고 가르친 적이 없기 때문입니다.

　·　 초보 글쟁이 성주쌤의 미래교육 이야기

○○초 학교문집

"우리 多價値 행복하게 살아요"

누구나 태어나면 어떻게든 살 수 있을 테지요. 성공한 사람으로 살고도 싶고, 가치 있는 삶을 살고도 싶습니다. 이왕이면 성공했다는 주위의 평판보다, 스스로 가치 있는 삶을 살았다고 돌아볼 수 있으면 참 좋겠습니다. 먼 훗날 생의 가장 끝자락에서 그렇게 돌아볼 수 있다면 더욱 좋겠습니다. 그런 생각과 소망을 가지고 어떻게 살고 싶은지 스스로에게 반문하고, ○○ 가족 분들과 정담을 나누고 싶습니다. 그래서 보호자님이나 학생, 직장 동료 분들이 다같이(多價値) 가치 있는 삶을 살았노라고 노래할 수 있었으면 하는 바람입니다. 행복하게 살았으면 하는 소망입니다.

먼저 보호자님께선 어떻게 살고 싶으신가요?

부모님이 바라는 대로 자녀가 성장해주길 바라지만, 아들딸이 자기가 잘할 수 있는 일, 하고 싶은 일을 하도록 돕기만 해야 합니다. 물고기를 잡아주는 부모, 물고기 잡는 법을 가르치는 부모보다 물고기가 있는 강이나 바다로 데려다주는 부모가 되어야 한다고 들었습니다. 강이나 바다에서 고기를 관찰하든, 잡든, 그리든, 기르든 그건 자녀들의 몫이라는 것입니다.

더 조잘거려본다면, 이런 부모님이 되어보세요. 다른 아이와 비교하지 마세요. '공부하라'라는 잔소리를 할 때는 틀에 박힌 이야기를 삼가세요. TV 드라마보다는 책 읽는 모습을 자주 보여주세요. 아이를 외롭게 하지 마세요. 자녀의 교재가 어렵더라도 목차(차례)나 내용 정도는 가끔 봐두세요. 아이의 의사를 존중하세요. 아이 앞에서 선생님을 흉보지 마세요. 신경질을 무작정 받아주지 마세요. 아이의 시간 관리를 위해 무엇을 해줄 수 있는지 찾아보세요. 칭찬을 아끼지 마세요. 등등….

　그리고 일상생활 속에선 이런 걸 가슴에 담아두시면 어떨까 싶네요. 하늘에 있는 달에겐 가까이 갔지만, 이웃집에 가서 이웃을 만나기는 더 힘들어진 요즘 세태에 내가 먼저 누군가에게 가슴을 열고 문을 두드려야 외롭지 않습니다. 외로우면 불행한 거잖아요.

　○○초 학생 여러분, 어떻게 살고 싶나요?
　자신이 잘할 수 있는 일이나 하고 싶은 일이 뭔지를 찾아야 합니다. 초등학교 과정에서는 다양한 경험을 하도록 공부를 합니다. 그러나 결국은 내게 가장 어울리는 일이 뭔지를 찾아서 전념하여야 합니다. 오리는 걷기도 하고, 날기도 하고, 헤엄도 치지만 제일 빠르진 않습니다(오리야, 미안해. 널 흉보는 건 아니었어). 여태껏 나를 가장 가까이서 지켜보신 부모님의 말씀을 무시하지 마세요. 책을 많이 읽어야 합니다. 밥을 굶는 하루는 있어도, 책을 놓치는 날은 없도록 하세요. 세상에서 가장 자신을 사랑할 사람은 자신이라는 걸 잊지 말구요. 친구에겐 관대하고 자기 자신에겐 엄격한 사람이 되어보세요. 그러면 웃어주는 친구도 많아지고, 다가오는 사람도 늘어나겠지요. 친구가 많으면 부자이고, 행복 바이러스가 가득해질 테니까요.

　　　　　　　　　　　초보 글쟁이 성주쌤의 미래교육 이야기

○○ 동료 교직원 여러분, 어떻게 살고 싶으신가요?

저는 이렇게 살고 싶었는데, 잘되지 않았음을 후회합니다. 소통을 원했으면서도 정녕 귀를 제대로 열진 못했습니다. '틀림이 아니라 다름'을 인정하고, 상대의 판단을 존중했어야 함에도 내 목소리를 내려고 했었습니다. 도움을 요청할 게 아니라 도움을 드리자는 생각으로 출근하였지만, 퇴근길에 동료를 도운 일은 별로 기억나지 않았습니다. 열심히 하는 사람보다 잘하는 사람이 되고 싶었지만, 컴퓨터 앞에서 클릭하고 또 클릭할 뿐 새로움을 보탤 여력이 없었음을 후회합니다. 하지만 행복한 건, 그것을 보듬고 묻어둔 동료가 계셨기에 웃을 수 있었습니다. 막내 박○○쌤부터 맏언니 박○○쌤까지 다같이(多價値) 웃을 수 있으면 좋겠습니다.

끝으로 교장 선생님께 드릴 마지막 소회는 죄송함, 감사함, 건강하심으로 간추려보고 싶습니다. 교장 선생님, 우선 죄송합니다. 내 마음을 담아 포수의 역할을 약속했는데 그 점을 제대로 옮기지 못했기 때문입니다. 교장 선생님, 그러나 감사합니다. 초보 교감의 소명, 포수의 역할을 다하지 못하였음에도 믿어주시고 지켜봐주시고, 보듬어주셨기 때문입니다. 40년 넘는 교직생활을 접으시더라도 교육 철학을 만인에게 펼치십시오. 교육이라는 울타리에서 다소 벗어나 삶을 윤택하게 하시는 일들(여행, 독서 등)이나 하고 싶은 일들(문협 활동 등) 맘껏 하십시오. 혹여 길에서 마주치시거든 어깨 툭 쳐주시면 소박한 소주잔 꼭 권해 올리고 싶습니다. 그 소주잔에 풍덩 빠져보고 싶습니다.

○○초에서의 2년 가까운 시간들은 제게 값진 인생입니다. 왜냐하면 부

족함이란 두려움이 아니라 채움을 위한 여유 공간이라는 걸 느끼게 해주셨기 때문입니다. 우스갯소리 같지만 부임할 때 이런 소망을 가졌습니다. '새끼 교감(초보 교감)'이란 호칭은 들어도 '교감 새끼'란 말은 듣지 않겠다고 말입니다. ○○초에서 함께한 보호자님, 학생 여러분 그리고 동료 여러분 모두에게 초보 교감이 전하고 싶은 말입니다.

"늘 건강입니다. 늘 사랑입니다. 늘 행복입니다."

○○초 학교문집

"부자가 되는 법"

새 학년의 희망찬 출발로 열심히 노력하고 있는 ○○초 여러분들에게 어떤 말을 전해볼까, 어떤 방법으로 이야기를 나눠볼까 생각해봅니다. 너무 진지해도 공감하지 못할 것 같아 가볍게 장난치듯, 수다 떨듯 이야기 나누고 싶습니다. 그렇게 진지하지 않아도 느낌으로라도 내 맘이 전달되었으면 하는 바람이 있기 때문입니다.

학이야, 이리 오렴. 너는 어떤 사람이 부자라고 생각하니?

선생님이 생각하기엔 '친구가 많은 가슴 따뜻한 사람'이거나 '지혜가 가득한 똑똑한 사람'이라고 말하고 싶구나. 이왕이면 '친구가 많으면서 지혜가 가득한 사람'이면 더욱 부자일 테고.

진이 생각엔 어떻게 부자가 될 수 있을 거 같니?

친구가 많으면서 지혜가 가득한 사람이 되는 방법에는 두 가지가 있다고 생각해. 잘 들어보렴. 쉽고도 어려울지 몰라. 하지만 도전하고 또 도전하면 분명 변화된 자신을 발견하고 놀라게 될 거야. 첫째는 등교할 때마다 '오늘 친구들한테 잘 대해줘야지', '공부할 때 모르는 게 있으면 친구에게 물어봐야지. 선생님께도 여쭤봐야지' 하는 마음으로 다짐하는 것이란다. 너무 쉽다고 생각하지 말았으면 한다. 하루 이틀만 이런 다짐을 하며 등교하다가 그만두면 부자가 될 순 없을 거야. 꾸준한 게 중요하단다. 조금씩 바뀌는, 매일 변화하는 나를 발견할 수 있을 테니까. 둘째는 하교할 때마다 '오늘 친구에게 거친 말을 쓰지는 않았는지', '1교시 국어 시간에 배운 것은 뭔지? 5교시 수학 시간에 몰라서 친구에게 물었던 문제는 뭐였더라?' 반성하며 하루를 마치는 게 중요해. 하루를 되돌아본다는 거, 자신을 되돌아본다는 게 중요하단다. 하루가 아름다워질 테니까.

선생님, 진짜 이렇게 하면 부자가 될 수 있을까요? 만약 부자가 안 되면 책임지셔야 해요!

등교할 때 다짐하는 학이가 되고, 하교할 때 반성하는 진이가 된다면 하루를 아름답게 살 수 있을 거야. 그런 학이와 진이가 되어준다면 5월에, 7월에, 좀 늦어진다면 2학기에, 훗날에 부자가 되었다는 것을 알게 될 거야. 만약에 7월 20일 여름방학식 때까지도 부자가 되지 않았을 경우엔 선생님은 여러분 앞에 '설' 자격이 없단다. 그래서 여러분 앞에 서 있지 않고 '앉도록' 할게(썰렁한 개그지만 웃어줘야지?).

선생님, 그러니까 우리 모두 뜻(다짐)을 가지고 시작하고, 시작한 일은 꾸준히 하고, 도전한 일은 되돌아보는 자세를 가지란 말씀이신가요?

그렇게 한마디로 정리할 걸 너무 길게 이야기한 거 같구나. '부자가 되는 법', '하루를 아름답게 사는 법'에 대하여 이야기 나눌 수 있어 기쁘구나. 우리 모두가 학교에서든 길에서든 작은 도움이나마 주고받을 수 있는 학생이 되고, 선생님이 되어보자꾸나.

　　　　　　　　　초보 글쟁이 성주쌤의 미래교육 이야기

○○초 학교문집

"변화하는 세상에 질문하세요"

200○년은 학교 안에서도, 학교 밖에서도 놀라운 변화를 볼 수 있었습니다. 사랑하는 마음으로 변화하는 세상에 질문하세요.

학교 안에서 어떤 변화가 있었을까요?

우선, 눈으로 볼 수 있는 깨달음이 있었습니다.

등굣길에 눈으로 마음으로 새기게 되는 채널 문자(웃고웃자+상상하자+모험하자)와 커다란 벽시계, 그저 벽으로만 느껴졌던 곳에 ○○ 가족이 함께 그린 담벼락 그림, 운동장과 등하굣길을 구분하는 안전 펜스 설치, 땅을 일구고 씨앗을 뿌려 가꾸며 도란도란 식물과 이야기 나누는 도란터(학교 텃밭)와 그 옆에 위치한 웃음과 재잘거림이 들리는 쉼터 겸 야외학습장 그 느라래, 그저 관심 밖이었던 돌이나 바위가 시와 노래가 함께하는 돌이 되고 바위가 된 화단의 정겨운 Dol'S (한역: 돌의 가족들).

또한, 가슴으로 느끼는 즐거움이 있었습니다.

4년에 걸쳐서 운영한 공교육 만족 프로젝트 연구학교로서 실시한 자기 주도 학습 프로그램, 그린 프로젝트 활동과 학생 중심의 자율동아리운영 등 학교 특색사업, 개인의 체력과 협동심을 기르는 7560+선도학교, 제4차 산업혁명 시대를 맞아 소프트웨어의 기본과 기초를 다지는 SW 선도학교, 행복한 학교를 지향하는 사이버 폭력 예방 선도학교 등의 다양한 프로그램들, 학생과 보호자 그리고 선생님이 함께 준비한 네모동이 학예회 등은 우리의 가슴 속에 소중한 추억의 페이지가 될 것입니다. 마지막 12월, 네모동이 SW페스티벌 주간에는 가족신문이나 UCC를 만들고, 정보검색이나 타자 실력도 겨뤄봤습니다. 운수골 산자락에 자리 잡은 ○○ 하늘엔 무인비행기 Drone이 날고 우리들 꿈도 함께 두둥실….

학교 밖에서는 어떤 변화가 있었을까요?

2016년 3월 9일에 세기의 이색 대결이 있었습니다. 구글 딥마인드 챌린지 매치―이세돌(바둑 9단)과 알파고(AlphaGo, 인공지능 프로그램)의 이색적인 바둑 대결―로 학교 밖 세상의 엄청난 변화를 상징적으로 전하고 싶습니다. 다섯 번 대결에서 갖게 되는 개인적 느낌을, 격변하는 세상을 유명한 교향곡에 견주어보려 합니다.

우선 첫 대국은 '놀람 교향곡'이었습니다.

인간(이세돌)이 설마 인공지능 프로그램(AlphaGo)에 지겠느냐고 생각했기에, 인간의 첫 패배는 한 마디로 놀람 교향곡(하이든)이었습니다.

2번, 3번 대국은 '운명 교향곡'이었습니다.

2, 3번 대국에서도 연이어 인간이 패하는 것을 보고, 이건 운명적이고 인간이 이길 수 없는 흐름이라 여겼기에 운명 교향곡(베토벤)이었습니다.

하지만, 4번 대국은 '영웅 교향곡'이거나 '환상 교향곡'이었습니다.

불계패 뒤 이세돌 9단의 첫 승리였기에, 이세돌이 영웅 교향곡(베토벤)을 연주했거나, 우리들이 환상 교향곡(베를리오즈)을 감상한 셈입니다.

초보 글쟁이 성주쌤의 미래교육 이야기

5번 대국은 희망을 찾아 길을 나서는 '도전 교향곡'이었으면 합니다.

마지막 대국은 다시 인간의 패배로 마무리되는 것을 보았습니다. 어쩌면 격변하는 세상에 인간이 제자리에 머물러서는 안 된다는 도전을 요구하기에 그렇습니다.

학교 안의 변화는 얼마나 올바른 방향인지, 학교 밖의 세상 변화는 얼마나 빠른 속도인지 함께 느끼는 계기가 됐으면 합니다. 저는 1년을 마무리하면서 발간하는 네모동이 이야기책 『○○ 어린이』의 발간사에 주어진 두 쪽을 함부로 써서는 안 된다는 책무성을 갖고 학생, 보호자, 교직원 여러분께 선현들의 이야기로 대신 전하고자 합니다.

○○초 어린이 여러분, 유발 하라리의 가르침에 귀 기울여보세요.

"인공지능에 직업을 빼앗길 순 있어도 상상은 인간만이 할 수 있다. 많은 것을 소유하는 것은 일시적인 행복을 줄 뿐이다. '나는 누구인지' 끊임없이 생각하라."

○○초 보호자 여러분, 엘빈 토플러의 말을 새겨보시기 바랍니다.

그는 "21세기 문맹은 읽고 쓸 줄 모르는 사람이 아니라, 학습과 재학습을 하지 않는 사람이다."라고 말하였습니다. 부모님이 틈틈이 책을 읽고, 남다른 생각을 한다면 그것이 자녀의 모습이 될 것입니다.

○○초 교직원 여러분, 엘빈 토플러의 말에서 한국 교육의 현실을 인식하고, 유발 하라리의 가르침에서 교육의 방향을 모색해보시기 바랍니다.

"한국의 학생들은 하루 15시간 동안 학교와 학원에서 미래에 필요하지도 않은 지식과 존재하지도 않을 직업을 위해 시간을 낭비하고 있다."

"미래가 어떻게 바뀔지 아무도 모른다. 아이에게 변화하며 사는 법을 가르쳐야 한다."

메리 올리버는 『휘파람 부는 사람』에서 "이 우주가 우리에게 준 두 가지 선물은 사랑하는 힘과 질문하는 능력"이라고 하였더군요. 사랑하는 마음으로 세상에 질문하는 새해, 2017년이 되시기 바랍니다. 나는 어제와 다른 오늘을 살고 있는지, 세상의 빠른 변화에 어떻게 살아야 하는지 나 자신에게 질문하여 보세요. 가끔 또는 자주!

마지막으로 네모동이 이야기책 『○○ 어린이』 발간을 위해 애쓰신 선생님들, 학생 여러분과 보호자님께 감사드립니다.

감사합니다.

초보 글쟁이 성주쌤의 미래교육 이야기

2장

워크숍 대회사(발간사)

디지털교과서 활용으로 학생 중심 수업 실현하기

안녕하십니까? 오늘 제가 말씀드릴 내용은 만남, 나눔, 다움의 차례로 만/나/다의 의미를 담아 환영의 말씀을 드리고자 합니다.

오늘은 만남의 날입니다.

누구도 예상치 못한 코로나라는 감염병의 유행으로 올해는 '생각하는 수업 워크숍'을 포기할 상황이었습니다. 하지만, 코로나는 교육의 단절이 아니라 교육의 변화를 요구하듯이, 우리 부산광역시교육청이 주최하는 '생각하는 수업 워크숍'을 포기하지 않았습니다(그래서 ○○초 선생님들은 힘들었을지도 모릅니다). '생각하는 수업 워크숍'을 개최하여 만남의 날을 갖게 된 것을 너무도 기쁘게 생각합니다.

오늘은 나눔의 날입니다.

4차 산업혁명은 어느새 우리의 일상이 되었고, 이제는 인간과 기계의 공존으로 상상하는 모든 것들이 이뤄지는 5차 산업혁명을 논하는 시대가 되었습니다. 오늘 이 자리도 ○○초 선생님들과 함께 의미와 재미를 더하는 나눔의 날이 되었으면 합니다.

학습 주체인 학생이 온·오프라인 블렌디드 학습을 통해 정보의 소비자가 아닌 정보의 생산자가 되어 학생 중심 수업의 가치를 실현하는 사례를 나누는 소중한 기회가 되길 바랍니다.

오늘은 다움의 날입니다.

오늘 부산광역시교육청 주최로 '디지털교과서 활용을 통한 학생 중심 수업 사례 나눔'이라는 주제로 디지털교과서 활용을 통한 학생 중심 수업이 어떻게 실현되고 있는지 사례를 공유함으로써 부산 교육이 대한 교육을 선도하고 있음을 증명하는 날이 되길 소망합니다.

워크숍 준비부터 실행에 이르기까지 관심과 지원을 아끼지 않으신 부산 교육대학교 오○○ 총장님과 부산광역시 김○○ 교육감님, 그리고 우리 대학교 교수님, 부산시교육청 관계자 분들께 감사드립니다.

마지막으로 땀과 애태움으로 밤낮 연구에 매진하신 저의 자랑스러운 김○○ 교감 선생님을 비롯한 동료 선생님들께도 고마운 마음을 전합니다. 감사합니다.

캔버스에 그리면 그림이 되고,

가슴에 그리면 그리움이 된다

2장

교원 자기평가서,
자기소개서

교원능력개발평가 자기평가서 (1)

20○○학년도 삶이 살아 있는 행복 교육 1번지, ○○초를 만들어가고자 함께하신 교육 가족 여러분 감사합니다. 짧은 기간이지만 다음과 같이 '교육적인 방향'을 설정하고, '인간적인 방법'을 강구하였습니다.

첫째, 학생들은 즐거움과 깨달음의 가치를 누릴 수 있도록 돕고자 하였습니다.

교육은 인간을 행복하게 만드는 필요와 충분조건이라고 생각합니다. 교육은 어린 학생이 자신의 미래를 행복하게 만들 수 있는 필요조건(깨달음)이기도 하지만, 교육받는 그 자체로 충분히 행복(즐거움)해야 한다는 뜻입니다. 학생들에게 학교란 미래를 여는 행복한 배움터가 되어야 한다는 생각을 행동으로 옮겼습니다.

둘째, 교직원은 서번트 리더십('섬기는' 리더십)의 정신으로 함께하고자 하였습니다.

'혼자 가면 빨리 가고, 함께 가면 멀리 간다'라는 말이 있습니다. 인간존중을 바탕으로 선후배이자 동료인 교직원들의 잠재력이 극대화될 수 있도록 귀 기울였습니다.

초보 글쟁이 성주쌤의 미래교육 이야기

셋째, 보호자는 ○○초 교육의 한 축이며 교육공동체의 동반자임을 잊지 않고자 하였습니다.

학교와 보호자, 학교와 지역사회가 상호 간에 베풂, 섬김, 나눔의 정신으로 함께하여 행복 교육 1번지 ○○초의 교육공동체 모두가 행복한 세상이 되도록 열정을 바쳤습니다.

"교육 가족 모두가 VIP(가장 소중한 사람)가 되는, '삶이 살아 있는 행복 교육 1번지, ○○초'를 함께 만들어가고자 합니다."

교원능력개발평가 자기평가서 (2)

○○초 교육 가족은 학생, 학부모, 교원으로 이뤄진 교육공동체입니다. 교육공동체 모두가 아름다운 동행이 될 수 있도록 다음과 같이 노력하고자 하였습니다.

첫째, 학습의 주체인 학생들이 '즐거움'과 '깨달음'을 추구하도록 노력하였습니다.

즐거움과 깨달음이라는 두 바퀴로 움직이는 '두발 자전거 교육'을 통하여 학생 중심 교육을 하고자 하였습니다. ① 두발 자전거를 스스로 탈 수 있도록 뒤에서 잡아주는 교육(자기 주도적 교육), ② 방향과 속도 조절을 고민하는 교육을 통하여 학생 주도적 교육(개별 맞춤형 교육), ③ 어미 닭과 아기 병아리의 줄탁동시를 생각하는 교육(최적화 교육)을 통하여 학생의 성장을 지원하고자 하였습니다. 한 명의 아이도 포기하지 않는 교육을 강조하였습니다.

미래 시대는 호기심과 상상력, 도전하는 태도가 요구되는 시대이기에 미래의 주인공인 학생들을 대상으로 I. C. U.(Inline-skate, Climbing, Unicycle) 특화 프로그램을 학년 군별로 실시하고 있습니다. 학생회의 의견을 존중하여 '교/나/사: 교장 선생님과 나누는 사랑방 이야기' 시 수렴한 의견은 반영하여 학생들의 만족도를 높이고자 하였습니다. 앞으로도 학생 여러분의 소중한 의견, 눈높이에 맞춰서 경청하겠습니다. 이러한 문화를 창달하여 교육의 중심에 학생이 자리 잡도록 더욱 노력하고자 합니다.

둘째, 교육의 주체인 선생님들이 '열정'과 '전문성'을 더욱 발휘할 수 있도록 지원하고자 하였습니다.

국립 ○○초로 전입하는 순간에도 인성과 능력을 검증받은 선생님들로 하여금 자존감은 드높이고, 학생들의 꿈을 키우는 열정과 수업의 전문성을 더욱 연마하도록 돕고자 하였습니다. 교원의 풍토를 '연구하는 문화', '사람 사는 세상'을 함께 추구하였고, 서서히 조금씩 변화하는 모습에 한없는 감사함을 갖고 있습니다.

교장으로서 우리 학교의 Modern 선생님들께 감사함과 존경심을 갖고 사는 1인입니다.

셋째, 참여 주체인 보호자님과의 [재미있는 만남], [의미 있는 만족]을 드리도록 더욱 노력하였습니다.

○○ 보호자님께서는 교육소비자가 아니라 교육생산자로서 자랑스러운 역할을 하고 계십니다. 교육동반자라서 더욱 기쁩니다. 국립○○초의 교장으로서 ○○ 교육 가족과 협력적 동반자 관계를 계속 지킬 수 있도록 동참하겠습니다. 학생들의 성장을 위하여, 자녀의 꿈을 위하여 동행하는 선생님들이 되도록 더욱 정진할 것을 약속드립니다.

보호자님들께서도 재미있는 만남, 의미를 더하는 만남이 되어 결국은 만족도가 드높아지도록 계속 애쓰겠습니다.

자기소개서

"교감, 나는 포수다"

저는 제1차 경제개발 5개년계획이 시행된 첫해, 1962년에 태어났습니다. 배불리 먹는 게, 잘사는 게 모두의 꿈인 산업화 시대에 초중고를 다녔습니다. 그래서 부모로부터 "숙제해라"라는 말씀 대신 "소 꼴 베어라", "나무(땔감) 해오라"라는 말씀을 듣고 다녔기에 공부에 대한 스트레스는 없었고, 제발 소 꼴 안 베고, 나무 안 해와도 되는 그런 방학생활을 하루쯤은 하고 싶은 초중고를 보냈습니다.

1980년대 대학 캠퍼스는 배움의 전당이 아닌 데모의 무대였고, 대학생활은 어깨와 어깨를 연결하고 두 손으로 구호를 외치는 날들이었습니다. 민주화 시대에 대학생활과 직장 초창기를 보냈습니다. 산업화와 민주화를 짧은 기간에 이루어낸 모델이 될 만한 자랑스러운 나라에서 교직에 근무하는 것을 천명이라고 여깁니다.

마땅한 일자리가 흔하지 않은 세상, 삼팔선(38세 퇴직)이나 사오정(45세 정년) 등으로 대변되는 조기퇴직의 시대에도 불구하고 천직을 계속 유지할 수 있음에 감사드릴 따름입니다.

더구나, 교사에서 교감이라는 자리바꿈을 한 이 시점에서 내가 할 역할은 뭘까 고민하던 차에 교장 선생님으로부터 '자기소개서 제출'이라는 나름의 과제를 부여받고 새롭게 자신의 역할을 다음과 같이 빗대어보았습니다.

　나는 포수다. 나의 역할에 있어서 야구의 포수와 같은 일을 하고 싶다. 교장 선생님이 던지는 다양한 볼들을 잘 받아야 한다. 내야수와 외야수들을 두루 살피면서 수비도 해야 한다. 혹시 교장 선생님이 와일드 피치(폭투)를 하였다고 매스컴에서 말할지라도 그건 폭투가 아니라 포수에게 정신을 일갈하는 가르침이라고 생각해야 한다.

　교장 선생님의 경영철학이 ○○ 가족들에게 잘 전달되도록 초심과 열정으로 초보 교감의 역할을, 포수의 역할을, 그 소명을 다하고자 한다.

$$2 \quad + \quad 2 \quad = \quad 4$$

2　　해　　　　에
2　　해　　　　　　를

　　　　더　　하　　　　면

　　　　　4　　랑　　　　이　　　　다

　　　　　　　　　　초보 글쟁이 성주쌤의 미래교육 이야기

2장

감사의 글,
아들에게 전하는 주례사(덕담)

승진 축하 감사의 글

"감사합니다. 그리고 조금은 잘해보렵니다"

오늘은 3월의 마지막 날입니다. '토요스쿨관리'라는 이름으로 출근을 합니다. 3호선 지하철을 타고, 덕천 로타리에서 126번을 갈아타고 맑은 3월의 공기를 느끼며 교무실에 앉습니다. 오늘만큼은 제게 보내주신 승진 축하와 격려에 보답하는 감사의 편지를 쓸 만한 여유를 느끼면서….

감사의 편지를 쓰려던 차에 토요스쿨 1일 담당 선생님과 소중한 만남을 가졌습니다. 저보다 연배가 높으시고, 삶을 예쁘게 사셨을 것 같은 박○○ 선생님과 마주 앉았습니다. 그분이 준비하여 손수 내어놓으신 토마토, 제가 어설프나마 초보 바리스타로서 준비한 커피를 두고 그렇게 마주 앉았습니다.

그분이 들려주신 동료 두 분의 이야기를 전하면서 제 감사의 마음과 초보 교감의 소회를 함께 전하고 싶습니다.

한 분은 밤을 지키는 경비업체 직원이십니다. 엄밀히 말하면 동료직원이 아닐지도 모르지만, ○○초 교직원 모두가 제일 앞세우는 동료 직원이십니다. ○○초등학교 복도는 언제나 깨끗하답니다. 한 손엔 빗자루를, 한 손엔 쓰레받기를 들고 다니는 한 분이 계시기에 그런 것이었답니다. 창틀

초보 글쟁이 성주쌤의 미래교육 이야기

도 먼지 하나 없는 학교입니다. 그분이 복도를 순시할 때, 손걸레를 들고 '쭈욱' 창틀을 밀고 한 바퀴 도신다는군요. 여름이 오면 언제나 교실의 모든 복도에 유리창을 조금씩 열어둔답니다. 그 일을 묵묵히 하시는 분이 밤의 동료이십니다. '묵묵히 소리 없이' 일하시는 걸 제가 닮고 싶습니다.

다른 한 분은 교무실에서 제 옆자리를 채워주시는 교무 실무원입니다. 교무실의 '오 실장'이라는 호칭이 잘 어울리는 분입니다. 왜냐구요? 주어진 업무를 야무지게 하시는 것 외에도 외부 전화를 받는 매너, 학급 담임들의 크고 작은 부탁에 한결같은 따스함을 보입니다. '한결같이' 일하시는 걸 제가 닮고 싶습니다.

묵묵히 소리 없이 그리고 한결같이 일하는 것이 제게 보여주신 많은 사랑과 관심과 격려에 감사하며 보답하는 길이라고 생각합니다. 이왕이면 다음과 같은 포수 역할도 하면서 살아보렵니다. 포수 역할은 아시는 바와 같지만….

3월의 마지막 날에 감사의 편지를 좋은 문구, 미려한 글귀를 인용하여 제 생각으로 포장하고 싶기도 했습니다. 근데, 아침에 나눈 이야기 속에서 제가 전하고 싶은 '감사의 마음'을, 자기소개서를 통해 '앞으로의 다짐'을 전해드립니다.

감사합니다. 그리고 조금은 잘해보렵니다. 저도 님께서 제게 그렇게 하신 것처럼 누군가에게 작은 버팀목이 되고, 때론 디딤돌이 되어보렵니다. 늘 건강입니다. 늘 사랑입니다. 늘 행복입니다.

鶴실하게 鎭하게 학진초, 이성주 드림

주례사

"아들에게 전하는 덕담"

가을이 절정인 오늘, 가을 단풍이나 핑크뮬리 구경을 마다하고 이 자리에 참석해주신 많은 친지 여러분과 하객 여러분께 진심으로 감사드립니다. 저의 듬직한 아들 신랑 이○○ 군과 오늘부터 저희 집 새 식구가 되는 예쁜 신부 이○○ 양의 거룩하고 아름다운 결혼식에 덕담을 준비한 신랑의 아버지 이성주입니다.

오늘 신랑 신부에게 어떤 마음으로 살아가면 좋을지에 대해 평범한, 아주 평범한 덕담을 전할까 합니다.

먼저, 듬직한 내 아들 ○○야, 우선 결혼 축하한다.

듬직이 너는 초등학교 2학년 때쯤인가 하굣길에서 벼룩 신문을 들고 와서 "엄마, 돈 들여서 신문 보지 말고 이것을 보세요"라고 말한 기억이 나는구나. 이런 살뜰함이 있으니 네 앞날을 믿는다. 게다가 그동안 20년 내공을 쌓았고 아빠에게서 잘 배웠으리라 믿는다. 아빠는 지금껏 삼시 세끼를 먹고 있으니 믿어도 된단다!

그리고 새 가족이 된 예쁜 며느리 ○○야, 어언 30년(정확히는 28년) 가까이를 함께한 부모님의 품을 떠나 이제 진정한 어른이 되기 위해서 첫발을

초보 글쟁이 성주쌤의 미래교육 이야기

내딛는 오늘이구나.

서로 다른 가정에서 교육을 받고 자랐기에 조금씩은 다른 생각을 갖고 있겠지만 그건 틀림이 아니라 다름에 불과하다는 생각과 지혜로 잘 극복해 나가길 바란다. 2 더하기 2는 얼마지? (4) 그래, 공부를 많이 했구나. 2(이해)에 2(이해)를 더하면 4(사랑)이 된다는 수학 철학까지 공부한 줄은 몰랐다. 서로 이해하고 또 이해하면서 살도록 하거라.

마지막으로, 듬직한 아들 ○○야, 착한 며느리 ○○야! 친지 관계, 직장 생활, 사회생활도 잘하리라 믿는다.

○○야, ○○야! 오늘부터 네 분의 부모를 모시게 되겠구나.

우리 넷은 99살까지 88하게 살 계획이다. 그때까지만 잘 모시면 더 바라지 않을게!

듬직이 아들은 장인의 생신을 잘 챙기고, 며느리 ○○는 시어머니 생신을 잘 챙기거라. ○○는 윗동서보다 2% 부족하게 잘하면 된단다. 그런데, 며느리 ○○는 큰며느리니까 눈치 보지 말고 잘하면 된단다. 시어머님 생신은 음력 1월 5일. 국경일처럼 표시해 두거라. 내 생일은 직접 챙기지 않아도 된다. 뭐니 뭐니 해도 뭐니(Money)만 챙겨 보내거라. 나는 내 아내가 챙겨주는 미역국이 이 세상에서 제일 맛있기 때문이다. 여보, 미역국을 부탁해!

직장이나 사회생활에서는 부족함이나 치우침, 넘침이 없도록 살거라. 지금 이 자리에 계시는 하객 여러분, 신랑 신부의 직장 동료분께서 부족함은 채워주시고, 치우침이나 넘침은 고쳐주십시오.

방법은 때론 은/밀/하/게 때론 위/대/하/게 해주시면 감사하겠습니다.

○○야, ○○야, 가정도 직장도 사회생활도 모두 너희들 하기 나름이다. 서로 이해하며 행복하게 잘 살아가리라 믿는다.

멋지게 살아보거라. 다시 한번 결혼을 축하한다.

2020년 그리고 2021년

온 세상을 놀라게 한 코로나라는 벽!
그 벽을 슬기롭게 넘고자 인류는 애를 태웠습니다.
○○ 교육 가족은 한마음으로 힘을 모았습니다.

인류 역사에 기록으로 남을 벽을 넘는 이야기에
상상을 더하여 개나리관 벽을 디자인하였습니다.

'개나리가 이어주는 우주와의 만남'

이봄(부산교대부설초 제60회 졸업생)

•개나리관 벽화 공모전의 응모작(2021년)

•당시의 재학생들이 직접 선정한 당선작임

코로나로 지친 학생에게 벽을 가득 채운 '대왕고래 그림'으로
'꽃과 노래와 웃음이 있는 학교'를 노래하고 싶었습니다.

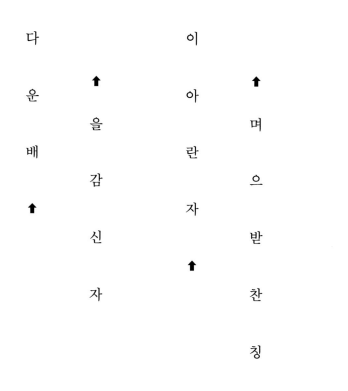

출처 : '생활 속의 아이들' 中에서

2장

각종 회보의 글

"빛깔 있는 수학 편지, 수학을 배운다는 것!"

이 세상에서 제일 먼 길은 어디일까요?

좀 어렵다면, 생각할 겨를이 없으시다면 우리 신체 중 머리에서 제일 먼 곳은 어디일지를 생각해봅시다. 어디일까요? 제 생각을 읽으려 하지 마시고, 자신의 생각을 가져보시기 바랍니다.

가슴까지의 거리가 제일 멀다고 합니다. 왜일까요? 맞다고 맞장구치지 마시고, 자신의 생각을 가져보시기 바랍니다. 머리로 이해하는 것과 가슴으로 느끼는 것이 일치할 때, 아름다운 나는 '차오름'이 생기기 때문입니다.

수학을 대체로 싫다고 말하는 이유가 뭘까요?

엄밀히 말하면 수학을 싫어하는 것이 아닙니다. 수학 공부를 싫어하는 것입니다. 머리로 하는 수학 공부를 했지만, 가슴으로 수학 공부를 할 기회가 적기 때문입니다. 엉덩이로 공부한다는 이야기는 들어봤지만, 저 역시 가슴으로 공부한다는 말은 생소한 편입니다. 학습 동기가 충만하여 입술을 깨무는 모습, 가슴이 뜨겁게 데워지는 느낌을 떠올리시면 이해하신 셈입니다.

수학을 가슴으로 하는 방법은 뭘까요?

의도된 답이든 그렇지 않든 간에 다음과 같이 방법을 말씀드리고 싶습니다. 재미있는 수학, 함께하는 수학, 활동하는 수학, 생각하는 수학이라는 네 바퀴를 단 수레를 학생들이 탈 수 있으면 됩니다. 감히 바퀴의 순서나 위치를 말할 준비가 되지는 않았습니다.

굳이 다음과 같이 마무리를 하고 싶습니다.

네 바퀴 달린 수레의 각 바퀴에 다음과 같은 켈러의 ARCS모형을 생각하셨으면 합니다. 주의력(Attention), 관련성(Relevance), 자신감(Confidence), 만족감(Satisfaction)이라는 이름표를 달아주시면 감사하겠습니다.

○○초등수학교육연구회 제8호 발간을 축하드립니다. 귀 연구회에서 추진하는 방향인 재미, 함께, 활동, 생각하는 수학이 대한민국 수포자(數抛者: 수학 포기자)를 수호자(數好者: 수학 선호자)로 전환하는 소중한 역할을 기대합니다.

감사합니다.

○○교대 동창회 회보

"○○초 탐방"

부산 사상구 모라로 192번길에 위치한 ○○초등학교는 백양산의 품에 안겨 낙동강을 바라보는 자연 친화적인 도시농업지원학교이다.

웃고웃자 ♋♋하자 모험하자 라는 슬로건을 통해 웃음이 가득하고, 남들과 다른 생각의 힘인 상상력을 키울 수 있으며, 상상한 내용을 실천할 수 있는 도전 정신인 모험심을 길러 미래 사회를 긍정적·적극적으로 살아갈 수 있는 네모동이(바름이, 똑똑이, 끼동이, 튼튼이)의 실현을 추구하고 있다.

•바름이: 바르게 실천하는 어린이

따뜻한 인성과 밝은 심성으로 바르게 행동하는 어린이 양성을 위한 프로그램을 내실 있게 운영하고 있다. 녹색성장과 지속 가능 발전 교육을 위한 그린 프로젝트로 '교내 화단 꾸미기', '학교 텃밭 가꾸기', '숲 체험학습'등을 운영하고 있으며, 학교폭력 없는 즐거운 학교를 위해 '어울림 프로그램', '사이버 폭력 예방 선도학교'를 운영하고 있다. 모교를 아끼고 가족의 따뜻한 사랑을 보여주었던 '우리 가족 애(愛) 벽화 그리기' 활동도 ○○교육 가족들의 큰 관심을 이끌어내었다.

• **똑똑이: 실력 있는 어린이**

미래 사회를 이끌어갈 수 있는 핵심역량을 갖추기 위한 프로그램으로 2년 연속 'SW교육 선도학교'를 운영하고 있다. 정보통신교육, 엔트리, 아두이노 등 다양한 SW교육을 통해 컴퓨팅 사고력 신장, 창의적인 인재 육성에 노력하고 있다. 자기 주도적인 학습능력 신장을 위해 '서당골 공부방'을 운영하고 있으며, 인문학적 소양을 갖추기 위해 다같이(多가치) 온종일 책을 읽는(reading) 날인 '多온리데이'를 학기별로 실시하고 있다.

• **끼동이: 끼가 있는 어린이**

문화예술을 사랑하고 즐길 수 있으며, 자기가 가진 끼를 표현할 수 있는 어린이를 키우기 위한 특색사업으로 '학생 중심 자율동아리'를 운영하고 있다. 학생들이 중심이 되어 자신들이 원하는 동아리를 스스로 조직하고 규칙을 정해 운영하는 방식으로 Study(학습), Academy(문화예술), Sports(체육) 3가지 영역으로 총 9개의 동아리가 운영되었다. 아름다운 노래가 있는 학교를 위한 '이달의 동요 부르기'와 '꿈바라기 중창단'을 운영하였고, 자신의 진로를 상담과 체험을 통해 알아볼 수 있는 '진로 탐색 꿈잡(job)이 체험학습'도 실시하였다.

• **튼튼이: 건강한 어린이**

운동을 즐기며, 건강한 신체에 건강한 정신을 가질 수 있는 어린이를 키우기 위하여 '7560+선도학교'를 운영하였다. 소규모 학교의 실정에 맞는 특색운동으로 '달줄굴(달리기, 줄넘기, 굴리기) 운동'을 개발, 적용하여 쉽고 간단한 방법으로 전교생이 운동을 즐기며 건강한 신체를 키울 수 있었다.

달줄굴 대회에서는 학생들뿐만 아니라 보호자와 교원들의 참여를 통해 ○○ 교육공동체 모두가 즐겁게 하나가 되는 값진 경험도 하였다. '금연선포식'을 통해 자신과 가족들의 건강한 미래를 약속하고자 노력하였다.

• ○○초등학교 학생들은 매일 등교할 때

'웃고웃자 요요하자 모험하자'를 보며 생각한다. 행복해서 웃는 게 아니라 웃기 때문에 행복하고, 지식보다 중요한 것은 상상력이며, 상상하는 것을 실현해주는 것은 도전이자 모험이라는 것을 매일 느끼며 자신의 미래를 키워나가고 있다.

○○교대 동창회 회보

"제40회 스승의 날을 되새기며"

봄의 꽃보다 더 아름답다는 가을 낙엽! 만산홍엽의 계절, 가을에 '제40회 스승의 날'을 되돌아봅니다. 어감도 남다른 3가지 낱말, '40', '스승', '되새김'에 의미를 담아서 글타래(글+실타래)를 풀어보고자 합니다.

첫째, 우리에게 '40'이란, 유혹이 아니라 불혹이고, 믿음을 뜻합니다.

신조어로 40대를 영포티(young forty)라고 한답니다. 그만큼 100세 시대에 걸맞는 중간층, 젊은 축에 속하기도 하나 봅니다. 그렇다고 하더라도 40을 불혹(不惑)이라 칭하는 것을 봐도, 대통령 피선거권이 40세가 되어야 주어지는 것을 봐도, 40은 상당히 원숙한 숫자이고, 믿음의 숫자이기도 합니다.

올해 치러진 제40회 스승의 날 행사도 동창회(회장 현○○님) 주관으로 비대면 화상이라는 방식이지만 어느 행사 못지않게 원숙함과 믿음직함을 느낀 행사였습니다. 코로나 상황의 위기에서도, 모교의 존폐 위기에서도 유혹이나 흔들림 없이 치러진 행사를 보면서 모교의 역사는 계속될 것을 믿습니다.

둘째, 모두에게 '스승'이 있다는 것은 우리에게 모교가 있다는 뜻입니다.

1963년 스승의 날이 시작되어 1973년 일시적으로 스승의 날 폐지의 과정을 거치기도 했지만, 다시 명맥을 유지하여 올해 제40회 스승의 날을 맞았습니다. 역대 최고의 업적을 쌓으신 세종대왕 탄신일(5월 15일)을 스승의 날로 잡은 배경을 되돌아보면 스승은 이 나라를 교육으로 바로 세운 최고의 공로자라는 의미를 담고 있습니다. 그런 공로자를 배출하는 근원지는 교육대학교, 사범대학교에서 비롯됩니다. 우리 모두 저마다의 가슴속에 스승이 계신 것은 우리의 모교 '○○교육대학교'에서 많은 인재를 배출하였기에 쓰고 있는 역사입니다.

셋째, 가을 낙엽이 이토록 아름답다는 것은 봄꽃과 함께 한 스승의 날을 '되새김'할 수 있는 추억이 있다는 뜻입니다.

현○○ 동창회 회장님께서는 교육자가 존중받는 풍토, 스승이 학생의 롤모델이 되는 사회를 원하셨습니다. 2019년 부산 벡스코에서 동창회 주관 행사로 열린 스승의 날 행사에서 교권 신장과 스승 존경 풍토 조성을 염원하시면서 양질의 연수와 품격 있는 향연을 함께 엮어내셨습니다. 그해 봄꽃도 무척 아름다웠던 것으로 추억합니다. 그 연장선에서 올해 스승의 날 행사도 동문 가족에게 아름다운 축제였습니다.

'40'이라는 숫자가 주는 믿음, '스승' 배출교가 모교라는 소망, 추억할 일을 계속 '되새김'할 수 있을 거라는 사랑의 메시지를 전하려는 저의 미숙한 글을 동문 여러분의 원숙함으로 잘 읽어내시길 기원합니다. 감사합니다.

○○교대 동창회 회보

"진선미 이야기"

안녕하십니까? 9월 1일 자로 모교의 ○○초등학교로 부임하게 되니, 동창회 본부 부회장 직함이 주어졌습니다. 동창회에서 모교발전기금 관련하여 여러 미담을 회원님과 공유하고픈 생각에 선/미/진의 차례로 글타래를 풀어나가고자 합니다. 그것이 저의 작은 소임일 수 있다는 생각으로 들려드립니다.

첫째 이야기는 동창회 회장님의 선한 이야기입니다.

작년에는 스승의 날 행사, 임원 워크숍 등 변화를 추구하셨습니다. 올해는 코로나로 인해 이사회 등을 명사초청 연수를 겸하시거나, 화상회의로 주재하셨습니다. 무엇보다도 모교의 발전을 위해 기금 마련을 선도하셨습니다.

회장님의 선한 방향 제시로 2억 모금의 결실을 맺었습니다. 더불어 동창회 최고의 축제인 체육대회를 치르지 못해 회장님은 그토록 아쉬워하면서도 내년에 건강하게 만나자는 희망을 잃지 말자고 하셨습니다.

둘째 이야기는 모교 총장님의 아름다운 이야기입니다.

온화한 풍모에 당당하신 화법의 총장님은 발전기금 전달식(11. 6. / 모교 영상세미나실) 인사말에서 "이날은 역사적인 날로서, 많은 분이 주신 큰 마음 씨에 감사드리며, '사랑·봉사·슬기'라는 교육이념을 실천하여, 더 든든한 대학, 더 아름다운 모교를 만들기 위해 더욱 노력할 것"을 천명하셨습니다.

무엇보다 릴케의 시, 「가을날」을 읊으실 때는 눈물을 참지 못하셨는데, 식장 안이 숙연해졌지요. 아마도 회원님들에 대한 감사의 마음과 거금을 쾌척하신 2기 선배님의 쾌유와 기적 같은 재기를 비는 마음이 함께 표출됐으리라 느껴졌습니다.

총장님의 눈물은 감사, 감동, 감격의 언어가 아니었을까 생각합니다. 모교 총장님의 특별하신 리더십과 인간적인 풍모를 보면서 새롭게 쓰여질 모교의 역사가 기대됩니다.

셋째 이야기는 동창회 회원님의 참된 이야기입니다.

회장님의 모교발전기금 마련에 약 300여 명이 많게는 2천만 원부터 몇만 원까지 동참하신 참된 마음을 모두 기억하실 겁니다. 회장님이나 총장님께서도 한두 명의 독지가가 내놓은 기금이 아니라 십시일반 동참하신 거룩한 뜻을, 위대한 정신을 잊을 수 없다고 하시더군요.

그 고마움과 감사의 마음을 담아 모교의 본관 1층에 동판이 새겨졌고, 박물관 2층에는 모든 동문 선후배의 성함을 새겼다고 합니다. 그런 뜻과 정신을 알기에 ○○일보, ○○신문 등 각종 매체에서 아름다운 기사로 싣기로 했답니다.

제한된 지면이지만 모교의 착한 이야기, 아름다운 이야기 그리고 참된 이야기를 전할 수 있어서 동문의 한 사람으로서 너무 기쁩니다. 감사합니다.

한○○장학회 여는 글

"따르릉~ 따르릉~."

오늘 아침은 그동안 동료와 주고받은 아/희/편(아침햇살 희망편지)을 읽고 있었습니다. 전화 한 통이 걸려왔습니다. 한○○장학회에서 3월호 글 1편을 요청하셨습니다. 저는 시월의 마지막 날 이브(10월 30일)부터 '성주 참외(로운) 아침편지'라는 이름으로 '참~ 외로운 아침편지'를 처음 썼습니다. 지금은 이름을 바꾸어 희망을 노래하는 제목이면 어떨까 하여 '아침햇살 희망편지'라는 이름으로 편지를 쓰고 있습니다. 그동안 쓴 아희편 중에서 장학회의 역할과 결부지을 만한 글이 없나 하여 옛 글을 읽어보았습니다.

안녕하세요, 아침햇살 희망편지입니다.

오늘은 신입생 입학전형일입니다. 그중에서 호국보훈대상자, 다자녀 가정 자녀 등을 대상으로 특별 전형을 하는 날입니다. 신입생 부모님은 당첨을 비는 마음 가득한 날, 떨어지면 어쩌나 애를 태우는 날입니다. 그래도 철없는 아이들은 어떤 날인지 잘 모를 그런 날입니다. 아동 교육자 도로시 로 놀테가 노래한 「생활 속의 아이들」을 공유해봅니다.

생활 속의 아이들

꾸지람 속에 자란 아이 비난하는 것 배우며
미움받으며 자란 아이 싸움질만 하게 되고
(중간 생략)
질투받으며 자란 아이 시기심을 배우고
부끄러워하며 자란 아이 죄책감을 배운다.

관용 속에서 자란 아이 참을성을 알게 되며
격려받으며 자란 아이 감사할 줄 알게 된다.
(중간 생략)
관심 속에 자란 아이 자긍심을 배우고
인정과 우정 속에 자란 아이 온 세상에 사랑이 충만함을 알게 된다.

이 시는 제가 새내기 교사 시절, 새까만 표지에 황금색으로 '학급 경영록'이 새겨진 다이어리의 한 페이지에 자리 잡았던 글입니다. 새내기 시절   (갈지 자) 행보를 하는 담임으로서 스스로 부족함을 일깨워주고, 헷갈리는 방향을 잡아주던 든든한 에너자이저였습니다.

오늘 내일, 96명의 신입생을 뽑게 되고, 그 신입생은 ○○초에서 6년 동안 성장을 지원받으며 올곧게 자랄 테지요. 대체로 칭찬, 격려, 관심 속에 자란 아이일 테지만 더러는 가정에서 꾸지람 속에 질투를 받으며 자란 아이도 없지 않을 것입니다. 우린 그 특별한 소수의 아이들에게 한번 더 귀기울여주고 격려해줘야겠지요. 지금 선생님의 반

아이들 중에도 특별한 칭찬, 따뜻한 격려가 필요한 아이들이 있을 겁니다. 오늘은 그 학생이 누군지 찾아보는 날입니다. 특총(특별 총애)하는 날로 추천해봅니다.

교직원 여러분, 혹 내가 자신감이 있으면 부모님께서 칭찬을 많이 해주셨기 때문입니다. 내가 인내심이 강한 편이면 너그럽게 대해주신 부모님 덕분이고, 내가 사랑이 충만하다면 부모님의 크나큰 인정 속에 자란 덕분입니다. 오늘은 부모님께 특효(특별 효도)하는 날로 추천해봅니다. 특별한 효도란 오늘 퇴근길에 부모님께 전화 한 통 드리는 일이 아닐까요?

- 아침햇살 희망편지 중에서

이상의 글에서 장학제도의 의미를 찾을 수 있었기에 몇 줄 공유해봅니다. 한○○장학회의 역할 중 으뜸은 특별 총애를 받을 학생을 제대로 찾아서 꿈을 찾게 하는 일이 아닐까요. 장학회의 역할 중에는 가슴을 적시는 전화 한 통처럼 누군가의 자존감을 찾아주는 일도 있지 않을까요.

욕심 같아서 한○○장학회의 뜻에 동참하셨으면 하는 바람도 없지 않습니다. 한○○장학회는 주로 교원이 중심이 되어 운영하는 장학회로서, 작은 돈(하루 100원, 한 달 3,000원 1구좌)으로 선한 영향을 끼치는 회원들의 모임입니다. 마지막 두 문장 때문에 '기-승-전-회원가입'이 되었군요. 감사합니다.

서
른

?

전　　　　후

에　　　　에

는　　　　는

두

려　　　　　　후

워　　　　　　회

하　　　　　　하

지　　　　　　지
　　마　　라

출처 : '따뜻한 하루' 中에서

　　　　초보 글쟁이 성주쌤의 미래교육 이야기

2장

'아침햇살 희망편지' 中

나눔 이야기

선생님들과 소통 이야기(아/희/편) 중에서 몇 편의 글을 담았습니다.

"자식은 무엇으로 자랄까"

안녕하세요? 아침햇살 희망편지입니다.

오늘은 '자식은 무엇으로 자랄까' 생각해봤습니다.

첫째는, 부모의 '특별한 말씀'으로 자랍니다.

흑인 최초의 노벨 평화상 수상자, 랠프 번치 박사(미국의 정치학자)의 이야기입니다. 미국의 뉴멕시코주에 사는 한 흑인 소년이 어머니의 임종 앞에서 흐느끼고 있었습니다. 어머니는 가쁜 숨을 몰아쉬며 마지막 유언을 남겼습니다.

"아들아, 너에게 남겨줄 것이 아무것도 없구나. 그러나 이 어미의 이 말을 꼭 기억하거라. 인생을 살아가는 데 꼭 필요한 세 가지 보석은 믿음과 소망과 사랑이란다."

소년은 할머니 집에서 자라게 되었고 그는 소아마비 장애인이었습니다. 흑인이어서 겪은 심한 인종차별, 지긋지긋한 가난, 병마의 고통이 그를 괴롭혔습니다. 그러나 소년은 '믿음'과 '소망'으로 UN 중재 담당관 자리에 앉게 되었고, '사랑'의 가르침으로 세계 평화 협상을 이끌게 되었습니다. 그 공로를 인정받아 노벨 평화상을 받았습니다.

- 인터넷 기사 중에서

둘째는, 부모의 '한결같은 행동'을 보며 배웁니다.

부모의 가르침은 아이들에게 절대적인 영향력을 행사한다고 합니다. 입으로 가르치는 교육보다 행동으로 보여주는 교육이 진정한 교육이듯이, 한결같은 행동이 자녀의 성장에는 지대한 영향을 미치리라 봅니다. 저도 체격으로는 이미 성장한 자녀를 둘 두고 있지만, 아직 미성숙한 자녀에게 가슴에 새길 만한 좌우명 같은 걸 좋은 방법으로 심어보질 못했습니다. 부모로서 좋은 가르침을 따로 준비할 수 없기에 성실하게 사는 뒷모습이라도 한결같이 보여주렵니다. 자식은 부모 등짝을 보고 자란다는 말을 누군가에게 들은 기억이 생생하기 때문입니다. 제 스스로 돌아보면 부모님의 정직함과 성실함은 제게 살아가는 동력임을 느낍니다.

- 개인의 경험에서

셋째는, 세상의 '생활 규범이나 관습'이 자식을 이끌어주리라 봅니다.

예전에(아마도 2010년 즈음) 요즘 말로 '필'이 꽂혔던 공익광고 문구가 떠오릅니다.

"부모는 멀리 보라 하고, 보호자는 앞만 보라 합니다. 부모는 함께 가라 하고, 보호자는 앞서가라 합니다. 부모는 꿈을 꾸라 하고, 학부모는 꿈을 꿀 시간을 주지 않습니다. 당신은 부모입니까? 학부모 입니까?"(공익광고 카피 중에서)

세상 사람 모두가 학부모가 아니라 '부모'라면 어느 자식인들 제대로 성장하지 않을 수 있을까요. 사랑스런 자식이 최소한 흔들림은 있어도 꺾이는 법은 없으리라 여겨집니다.

학부모의 아이(학생)나, 부모의 아이(자녀)를 가리지 않고 모든 아이가 꿈을 이룰 수 있다는 믿음과 멀리 보고 함께 가는 소망을 갖고 성장하였으면 합니다. 멀리 보고 함께 가는 교육이 곧 사랑 아닐까요.

방학을 이틀 앞둔 시점에 아침편지 전해드립니다.

초보 글쟁이 성주쌤의 미래교육 이야기

"완벽한 약국, 그건 웃음"

안녕하세요? 아침햇살 희망편지입니다.

희망편지에서 역경을 말하면 그건 희망이 아니겠지요. 긍정성을 노래하는 사설, 긍정적 사고를 강조하는 심리학, 긍정의 힘을 몸소 체험한 이야기를 통해 우리는 긍정이 곧 희망임을 공감할 수 있지 않을까 싶네요.

첫째, 얼마 전 어느 지방신문에 '청소년의 마음 근력을 키우자'라는 칼럼이 있어 요약해봅니다.

이야기의 핵심은 청소년에게 긍정성을 높여 강점을 발휘할 수 있도록 마음 근력을 키워주자는 이야기입니다. 사람마다 역경을 극복하는 능력을 '회복탄력성'이라고 한답니다. 자기조절능력, 대인관계능력, 긍정성이 회복탄력성을 구성하는 세 요소인데, 이 중 긍정성을 강화하면 자기조절능력, 대인관계능력을 동시에 높일 수 있다고 논하였더군요.

둘째, 긍정성의 힘은 심리학에 나오는 '90-10법칙'에서도 알 수 있습니다.

일상의 90%는 역경 자체의 영향이 아니라 그 순간 반응하는 방식에 더 큰 영향을 받고, 10% 정도만 역경 자체의 영향을 받는다는 법칙입니다. 긍정적으로 반응하여 긍정적으로 바라보면 90%는 이미 역경을 극복하는 셈이라는 법칙입니다. 사실 이 부분을 소개하는 지금 이 순간에도 췌장암과 투병 중인 초등학교 친구에게 이 글을 인용하여 용기 내라고 하면 기적이 통할까 의문이 듭니다. 그래서 '90-10법칙'을 소개할 엄두를 낼 순 없었습니다. 제 스스로 자기모순에 빠지는 건 사실임을 고백합니다. 투병 중인 친구에게 용기 내랍시고 쉽게 말 던지질 못하였기 때문입니다.

셋째, 웃음학의 아버지로 일컬어지는 노만 커슨(Norman Cousins)의 체험 이야기입니다.

그는 1964년 당시 의학으로는 치료 불가능한 희귀병에 걸렸습니다. 온몸에 마비가 온 커슨이 할 수 있는 건 고통을 잊기 위해 코미디 프로그램을 보며 고통만큼 웃는 것이었습니다. 그렇게 고통으로 울부짖는 대신 웃음을 선택한 커슨. 그러던 어느 날 커슨에게 기적이 일어났습니다. 그동안 어떤 치료제로도 나을 수 없었던 그의 병이 낫기 시작한 것입니다. 커슨은 건강을 되찾은 현실을 믿을 수 없어 병에 대해 연구하기 시작했습니다.

투병 중 자신이 부정적인 생각이나 비극적인 결론이나 폭력에 관한 영상이나 내용을 일절 보지 않고 듣지도 않았다는 것, 힘겨운 상황에서도 크게 웃을 수 있고 마음이 기뻐지는 희극이나 노래를 감상하며 즐겁게 하루를 보냈다는 것입니다. 커슨은 그렇게 웃음을 통해서 엔도르핀이 나와 자신의 병이 치료됐다는 결과를 바탕으로 웃음 치료학을 체계화하였습니다. 그가 남긴 명언은 '우리 몸에는 완벽한 약국이 있다. 그것은 웃음이다'라는 말입니다.

○○에서의 삶이 주는 역경을 긍정의 에너지로 극복하시어 회복탄력성

을 드높이셨으면 합니다. 어떤 고난도 마음먹기에 따라 90%는 해결된다고 합니다. 웃음은 우리 몸을 지탱하는 완벽한 에너지라고 합니다. 블렌디드 러닝의 교육 방식이 주는 '덜 익숙함'이나 거리두기와 같은 대인관계가 주는 '더 외로움'을 극복하시어 '뉴노멀 시대'에 잘 적응하셨으면 합니다.

긴 글 읽어주셔서 감사합니다.

비 오는 날, 아침편지에 커피 한잔 이모티콘이라도 편집하고 싶은 아침 편지였습니다.

아침햇살 희망편지

"도덕 교과서, 삼강행실도"

안녕하세요? 아침햇살 희망편지입니다.

오늘 아침엔 조선 시대의 도덕 교과서 『삼강행실도』이야기를 공유합니다. 이 세상은 법으로만 다스릴 수 없고, 교육이나 교화로서 바로 세워야 한다는 점에 공감이 가는 이야기입니다.

다음은 인터넷의 자료 중 일부입니다.

1428년 세종의 재위 10년째 되던 해에 김화라는 사람이 자신의 아버지를 죽인 끔찍한 사건이 발생했습니다. 이 사건을 보고받은 세종은 심히 탄식하며 "내 덕이 없는 까닭이로다"라고 크게 자책했다고 합니다. 그리곤 신하들을 소집해 백성들을 교화할 대책을 논의하기 시작했습니다.

"어떻게 하면 좋겠는가?" 세종의 물음에 허조라는 신하가 대답하였습니다. "형벌제도가 관대하여 이런 일이 생긴 것이니 법을 강화하여 엄히 다스려야 합니다."

그러자 옆에 있던 변계량이라는 신하가 고개를 저으며 말하였습니다.

"법을 강화해서 될 것이 아니라 사람들에게 교훈이 될 만한 좋은 이야기를 많이 들려주어서 스스로 효행을 깨치게 하소서."

이에 따라 윤리, 도덕 교과서 제작을 추진하였고 모범이 될 만한 효자,

충신, 열녀의 행실을 모아 만든 조선의 전시기를 대표하는 교화서가 탄생합니다. 이것이 바로 1432년 편찬된 『삼강행실도』입니다.

부모는 자식의 거울이고, 교사 또한 학생의 거울이라는 말이 있듯이 보고 듣고 배우는 것은 삶의 가치를 깨닫는 데 중요한 역할을 합니다. 학생은 듣는 대로 배우는 게 아니라 본 대로 배운다고 하지 않습니까? 그런 연유로 자식은 부모 등짝을 보고 자란다는 말도 있으리라 생각합니다. 이처럼 우리도 미래의 꿈나무, 자라나는 학생들에게 정의롭고 선한 것을 보여주며 물려주어야 할 의무가 있음을, 사명을 갖고 교직을 시작했음을 되새겨보는 아침이었으면 합니다. 교육의 힘에 중심이 실려 있는 『삼강행실도』 이야기입니다.

이 글을 읽으면서 "내 탓이다"라고 말한 세종대왕의 특별한 리더십과 두 신하의 의견 중에서 근원적인 해결책을 찾은 세종대왕의 남다른 선택이 와닿습니다. 우리가 나라를 바로 세우는 주춧돌을 쌓고 있음에 긍지와 자부심을 갖는 하루 되십시오. 비약이 좀 센가요? 자존심과 자존감은 다르다고 합니다. 우리 스스로 자존감을 갖는 것이 곧 힐링이 되리라 봅니다. 오늘같이 추운 날은 자존감으로 자신을 스/스/로 따뜻하게 보듬어보시믐 바랍美다. 곧 헤어질 동 학년 쌤들이 서/로/ 보듬어주실 날이기도 합니다.

"서른 前에는, 서른 後에는"

안녕하세요? 아/희/편/입니다.

오늘은 불금! 하상욱 시인의 웹시에서 '불금~ 불금~ 외쳐도 알고 보면 저마다 딱히 별 계획 없음'을 실토한 글을 본 적이 있습니다. 그래도 금요일은 '꿈요일' 같습니다. 꿈같은 금요일에는 가슴으로 읽는 글 한 편을 함께 읽고자 합니다. '서른 전에는 두려워하지 마라'라는 따뜻한 이야기 한 편을 전해드립니다.

한 젊은이가 새로운 일을 위해 다른 지역으로 떠나게 되었습니다. 그는 고향을 떠나기 전, 마을에서 가장 존경받는 노인을 찾아가 가르침을 부탁했습니다. 노인은 잠시 생각하더니 글을 쓰곤 쪽지를 건네주며 말했습니다.

"지난날 내 삶을 이끌어 준 인생의 비결이 있지. 하지만 지금은 그 절반만 알려줄 걸세. 나머지는 자네가 다시 돌아왔을 때 알려주겠네."

젊은이는 노인이 준 쪽지를 펼쳐보았고 이렇게 적혀 있었습니다.

"서른 전에는 두려워하지 마라."

어느덧 세월이 흘러 청년은 중년이 되어 고향으로 돌아왔고 약속대로 노인을 다시 찾아갔습니다. 하지만 노인은 이미 세상을 떠난 뒤였고 실망한 채 집을 나서는데 누군가가 그를 불렀습니다.

"잠깐만 기다리세요. 아버님이 남기신 쪽지가 있어요. 언젠가 당신이 찾아오면 꼭 전해주라고 하셨어요."

그는 바로 봉투 안의 종이를 펼쳐보았고 거기에는 다음과 같이 쓰여 있었습니다.

"서른 후에는 후회하지 마라."

후회 없는 삶을 사는 게, 가능하기는 할까요? 신이 아닌데 어떻게 가능할까요? 불가능하다면 후회가 남는 게 인간적인 것일 테고, 가능성에 도전한다면 잘 사는 방법일 거라 봅니다(가능성에 도전하신다고 신에 가까워지는 건 아니겠지만).

때론 하나의 문장이 삶의 비타민이 되듯이, 오늘의 두 문장이 주말을 잘 사는 비타민이 되었으면 합니다.

새 학기를 맞아 계획을 하실 때는 두려워 마십시오. 실천으로 옮길 때 또한 두려움 없이 도전해보십시오. 용기 내어 실천하십시오. 학년 초, 여러분의 도전이 현실이 되시길 바랍니다. 학년 말에 후회하실 일이 없을 것입니다. 있더라도 조금, 아주 조금 있을 테지요.

"전도몽상이란 말이 있더군요"

안녕하세요? 4월의 마지막 날에 보내드리는 아/희/편/입니다.

전도몽상이란 말이 있더군요. 사전적 의미는 '자신도 모르게 어느 순간 거꾸로 되고 있는 현상을 일컫는 말'입니다. 전도는 '사물을 거꾸로 보는 것'이라 했고, 몽상은 '헛된 꿈을 꾸고 있으면서도 그것이 꿈인 줄 모르고 현실로 착각하고 있는 것'이라고 사전에 나와 있습니다. 무명 번뇌에 사로잡힌 중생들이 갖는 잘못된 견해를 일컫는 말이 전도몽상이었습니다.

누에고치는 열흘만 살다가 집을 버립니다. 누에는 집을 지을 때 자신의 창자에서 실을 뽑아 집을 짓는데도 열흘만 살다가 집을 버립니다. 제비들은 6개월만 살다가 집을 버립니다. 제비는 자기 침을 뱉어 진흙을 만들어 집을 짓는데도 미련 없이 6개월 만에 집을 버립니다(제비가 집을 버릴 때 정말 미련이 없는지 묻지는 못했음). 까치들은 1년을 살다가 집을 버립니다. 까치는 볏짚을 물어 오느라 입이 헐고 꼬리가 빠져도 지칠 줄 모르고 집을 짓는데도 불구하고 결국엔 집을 버리고 말지요.

날짐승과 곤충들은 이렇게 혼신의 힘을 다해 집을 지어도 시절이 바뀌면 미련 없이 집을 버리고 떠나간답니다. 그런데 사람만이 끝까지 움켜쥐고 있다가 끝내는 빈손으로 떠난다고 하네요. 어쩌면 '비움이 곧 자유로움'이란 말은 덜 가진 자에게 드리는 최고의 처방전이라고 일갈하실지 모르겠습니다. 다만, 제 짧은 인생의 경험치를 되돌아보면 내가 뭔가를 움켜쥐려 하면 주먹을 쥐게 되고, 그 주먹은 또 다른 선택을 방해하는 손 모양이었음을 확인한 적이 제법 있습니다. 주먹을 쥔 채로는 뭔가를 잡을 수 없음을 일컫습니다. 내가 가진 학습 자료, 강의 자료, 애장품을 누군가에게 선물하면 그 빈자리엔 언젠가는 또 다른 자료나 소장품이 자리하였음을 멀지 않아 확인할 수 있었습니다.

비움을 강조하는 글인데도, 도리어 염세주의적이거나 비관주의, 페시미스트 같은 서술로 치닫는 것 같아 펜을 멈추려 합니다. 미하엘 코르트의 명언을 생각하며 주말 잘 보내시길 바랍니다.

"나는 행복에 이르는 길이 우리를 얽매는 '채움'이 아니라 우리를 자유롭게 하는 '비움'이라는 사실을 깨달았다."

아침햇살 희망편지

"좋은 인간관계를 만드는 방법"

안녕하세요? 아/희/편/입니다.

『바보 빅터』라는 책으로 유명해진 레이먼드 조의 『관계의 힘』이라는 책의 내용 일부입니다. 관계에 대한 재미있고 유익한 자료를 제공해주고 있어서 우리에게 시사점을 주고 있습니다.

"…자네 등 뒤에는 보이지 않는 끈들이 이어져 있네. 그 끈들을 아름답게 가꾸는 일이 인생의 전부라네, 정말 그게 전부라네."

"무슨 거창한 끈이기에 인생의 전부라 단언하시는 겁니까?"

"관계."

"관계란 자신이 한 만큼 돌아오는 것이네. 먼저 관심을 가져주고, 다가가고, 공감하고, 칭찬하고, 웃으면 그 따뜻한 것들이 나에게 돌아오지."

"인간을 좋아하면 성공할 수 있다는 말씀인가요?"

"반드시 성공하는 것은 아니네. 하지만 인간으로서는 성공할 수 있네."

예전에 읽은 서적에서 '과업 지향적 리더', '관계 지향적 리더'라는 말을 읽은 적이 있습니다. 느낌은 있는데 명쾌한 서술은 곤란합니다만, 또렷한 기억 하나는 "단기간의 성과 면에서는 과업 지향적 리더가 많은 성취를 이루지만, 장기적으로는 관계 지향적 리더가 성공적이다"라는 구절은 확실히 기억에 남습니다. 학급 경영이나 학년 경영을 하시면서 다음에 인용하는 '좋은 인간관계를 만드는 몇 가지 방법'을 참고 바랍니다. 저 또한 실천하도록 노력하겠습니다.

　첫째로, 다른 사람의 장점을 찾아 칭찬해주는 것입니다.
　누구에게나 있는 장점을 찾아주면 내 곁에 사람이 늘고, 누구에게나 있는 단점을 지적하면 화를 내거나 내 곁을 떠날 수 있기 때문입니다.

　둘째로, 비판하거나 불평하지 않는 것입니다.
　만약 사람들이 나를 만나고 싶어 한다면 그것은 내가 그 사람을 비판하거나 불평하지 않았기 때문일 것입니다.

　셋째로, 진심으로 감사를 표시하는 것입니다.
　작은 일에도 감사하고 소중히 여기면 행복해지는 길인데, 불만을 쏟으면 사람 사이의 관계가 나빠져서 행복한 삶을 살 수가 없기 때문입니다.

　넷째로, 미소를 짓는 것입니다.
　좋은 관계는 웃음에서 비롯되고, 미소 속에서 이루어지기 때문입니다.

　다섯째로, 다른 사람의 이름을 기억하는 것입니다.
　사실 세상의 그 많은 단어 중에 자기 이름만큼 중요한 단어가 없는데 상대방이 자기 이름을 기억하지 못하면 섭섭하기 때문입니다.

여섯째로, 듣기를 잘해야 합니다.

남이 말을 할 때 그 눈과 입을 쳐다보며 귀를 기울여 듣는 사람은 반드시 좋은 관계를 만들 수 있기 때문입니다.

일곱째로, 상대방이 중요한 사람이라는 것을 느끼게 해주는 것입니다.

작은 친절을 베풀거나 그들의 소중함을 느끼도록 만드는 것은 대단히 중요하기 때문입니다.

아침햇살 희망편지

"말센스 16가지의 냉철한 반성"

안녕하세요? 아/희/편/입니다.

KNN의 '행복한 책 읽기'에서 어느 교육자가 셀레스트 헤들리가 지은 『말센스』 책을 소개하였습니다. 프로그램 제목은 '행복한 책 읽기'이지만, 교육자의 인터뷰 내용으로 보아 '경청'을 강조하는 책으로 간주됩니다. 저는 '행복한 책 읽기'가 아니라 '냉철한 반성'이라는 마음으로 읽어보고 싶었습니다. 우선 인터넷으로 검색해보니 제겐 '아는 것이 아니라 행동으로 보여야 할 실천의 문제'였기 때문입니다.

모두 16가지 말센스를 소개하고 있습니다.

말센스 01은 "주인공이 되고 싶은 욕구를 참아낸다."
말센스 02는 "선생님이 되려는 욕심을 부리지 않는다."
말센스 03은 "질문을 통해 관심과 사랑을 표현한다."
말센스 04는 "대충 아는 것을 잘 아는 척하지 않는다."
말센스 05는 "귀가 아닌 마음으로 듣는다."
말센스 06은 "상대가 보내는 신호에 안테나를 세운다."
말센스 07은 "잡초밭에 들어가 배회하지 않는다."
말센스 08은 "머릿속의 생각은 그대로 흘려보낸다."

말센스 09는 "좋은 말도 되풀이하면 나쁜 말이 된다."

말센스 10은 "이 얘기에서 저 얘기로 건너뛰지 않는다."

말센스 11은 "독의 시간이 공감력을 높여준다."

말센스 12는 "말은 문자보다 진정성이 강하다."

말센스 13은 "편리함을 위해 감정을 희생시키지 않는다."

말센스 14는 "말재주와 말센스는 다르다."

말센스 15는 "'옳음'보다는 '친절함'을 선택한다."

말센스 16은 "바로잡지 못할 실수는 없다."

오롯이, 오로지 제 자신의 입장에서 '냉철한 반성'을 하는 것, 그 반성으로 동료 분들께 실천으로 화답해야 할 것을 '반성의 절실함'을 기준으로 5개의 말센스를 되짚어보았습니다.

절실함 01은 "이 얘기에서 저 얘기로 건너뛰지 않는다."

저는 대화 중에 관심사가 나오면 끼어드는 습성이 있기에, 상대방(화자)의 입장에서 맥이 끊기고 기분을 상하게 할 여지가 많다는 걸 반성합니다 (다른 건 몰라도 이건 꼭 실천으로 화답).

절실함 02는 "주인공이 되고 싶은 욕구를 참아낸다."

어제 20○○학년도 학사일정 협의회 자리에서도 중등 대표교장 선생님의 이야기가 좀 길고, 약간 초등을 폄하하는 듯한 자격지심이 들어서 주인공이 되고 싶었습니다. 참지 않았습니다. 학교혁신과에서 추진하는 '2월 신학년 준비 주간'의 필요성에 대해 초등 선생님들의 2월 중 환경 구성

등 중등과 차이가 난다는 점을 넌지시 말하면서 우월성을 강조했습니다.

절실함 03은 "말재주와 말센스는 다르다."

진정 소통에 필요한 것이나 정녕 공감에 도움이 되는 것은 말재주(좌중을 웃기려고 언어유희를 즐기려는 나만의 습관을 의미)가 아니라 눈높이에 맞는 말하기, 듣고 또 듣는 것이 말센스임을 잊지 않으렵니다. 오늘 졸업앨범 촬영할 때도 좌중을 웃기려는 나만의 습관은 결코 말센스가 될 수 없음을 반성합니다("○○쌤, 지퍼 내려갔어요"라고 말했음).

절실함 04는 "옳음보다는 친절함을 선택한다."

제게 이 점이 절실한 까닭은 절실함 02와 같은 맥락이 될 수도 있을 것입니다. 토론이 아닌 마당에 상대방의 견해나 주장에 대해 배틀을 시도하지 않는 것이 말의 원수를 만들지 않거나, 감정의 골이 깊지 않게 하는 방법이라 믿고 싶습니다.

절실함 05는 "선생님이 되려는 욕심을 부리지 않는다."

이건 제 자신에게 '냉철한 반성'일 수도 있지만, 우리네 부장 선생님들과 공감했으면 하는 바이기도 합니다. 수업자나 관찰자의 입장에서 발표가 왕성한 수업을 즐기는 게 우리의 현실입니다. 역설적일지 모르지만, 교사의 발문이 끝나자 손을 드는 친구는 이미 알고 있는 지식을 발표할 뿐, 생각을 좀 더 해야 할 필요가 있거나 도리어 손을 들지 않는 친구들이 발문에 맞는 반응을 준비하느라 고민하고 생각하는 중이기에 '반응 대기 시간'을 충분히 줄 필요가 있지 않을까요?

저는 지키기 힘들지 모르지만, 로마 시대 철학자 카토의 말을 인용하며 마무리합니다.

"나는 말하는 것이 침묵하는 것보다 좋다는 확신이 들 때에만 말한다."

"밤에 잠 잘 자는 수면 위생"

안녕하세요? 아/희/편/입니다.

'깨더라도 시계 보지 마라?' 인터넷 기사의 제목입니다. 대체 뭐지 싶어 읽어봅니다. 꿀잠 자는 10가지 비법을 소개하였습니다. 밤이 짧아 꿀잠 걱정 하나도 없이, 실컷 자봤으면 하는 동료들이실텐데 그다지 쓸모없는 소개가 아닐까 싶습니다만, 그래도 소개드려봅니다.

저를 포함한 몇몇이라도 직접 관계되실 수 있을 것이고, 부모님이나 지인 중에 이런 고민을 하는 분이 더러 있을 거라 생각하기 때문입니다. 소개하는 비법 10가지가 제게는 정반대의 생각들이라 이게 나만의 틀림인지? 저마다의 다름인지? 살짝 반성을 하게 됩니다.

밤에 잠 잘 자는 수면 위생 10가지는 다음과 같습니다.

1. 낮잠을 피하라.

저는 낮에 20분 정도 짧게나마 숙면을 취하면 밤에 4시간 정도의 잠으로도 다음날 지장이 없는데?

2. 잠자리에 누워 있는 시간을 일정하게 하라.

저는 건강한 수면 시간은 7시간이라는 전문가의 말을 듣고 나서도, 잠은 올 때 자면 되고 안 오면 안 자면 된다는 근자감이 있는데?

3. 자리에 누웠는데 10분 이상 잠이 들지 않으면 침대 밖으로 나오라.

자리에 누웠는데, 잠이 오지 않으면 엎드려서 영화를 보다가 허리가 아프면 왼쪽으로 한 번, 오른쪽으로 한 번 돌아누울라 치면 이미 잠들어 있었는데?

4. 침대는 오로지 잠자는 데만 사용해라.

저는 교사 시절에는 예전의 학급문집을 누워서 보면 너무 추억이 되어 좋았고, 최근에는 침대에서 폰으로 영화를 보는 재미가 너무 좋던데?

5. 주말이나 휴일에도 일어나는 시간을 일정하게 하라.

방학도 그렇고, 주말이나 휴일도 그렇고 평소의 틀에 박힌 삶(좋은 말로는 규칙적인 삶?)에서 이탈하는 그 기분 놓치면 안 된다는 주의인데?

6. 밤에 깨더라도 시계를 보지 말라.

저는 심야 2시 전후로 깨면 습관처럼 시계를 보고, 그만 일어나야 하나 더 자야 하나 마음을 정하는데?

7. 저녁 늦은 시간에는 과격한 운동을 피하자.

저는 잠이 잘 오지 않으면 팔굽혀펴기를 40여 개씩 2세트 하면 힘이 빠져서 잠만 잘 오는데(이거 돋보기로 보면 자기 과시 아니면 과장법이 분명함)?

초보 글쟁이 성주쌤의 미래교육 이야기

8. 잠자기 2시간 전에 따뜻한 물로 목욕하면 잠이 드는 데 도움이 된다.

출장을 갈 때만 그 숙소의 물을 맘껏 쓰면서 샤워를 즐기되 집에서는 샤워를 귀찮아하는데?

9. 수면 방해하는 담배, 커피, 홍차, 콜라, 술 등을 피하라.

저는 ○○초 YB 시절 늦은 귀가 후에 센 양주 두 잔과 살짝 구운 햄을 먹고 한 시름 놓고 잘 수 있어 그나마 견뎌낸 기억이 있는데?

10. 밤에 공복을 느낄 땐 우유를 데워 마시면 좋다.

저는 추운 겨울에도 아이스 아메리카노가 더 좋고, 꼭 마셔야 할 우유라면 시원한 맛에 마실 거 같은데?

늘 건강하입시다. 오늘도, 내일도, 늘!

길 을

힌　　　　함

덮　　　　　　부

눈　　　　　　　　로

걷　지　마　라

발자취가

내　　　　이

늘　　　　　정

오　　　　　　표

가

되　리　니…….

출처 : '서산대사의 명언' 中에서

3장

미래를 꿈꾸다

눈물을 참으려고

하늘을 보다가

별 하나 들어와

흘러내리는 눈물

출처 : 「밤에」(강원석) 中에서

3장

○○초등교장회 정기총회, 이사회

교장 선생님, 행복하십시오

'즐거움과 깨달음', 제가 교사 시절 즐겨 썼던 말입니다. 즐거움과 깨달음이라는 두발 자전거 교육을 떠올리며 방향을 놓치지 않으려 했던 교사 시절이 있었습니다. '의미와 재미', 제가 교감 시절 애써 새기던 말입니다. 동료 선생님들이 하시는 일들이 재미도 있으면서 의미도 있길 바랐던 교감 시절도 있었습니다.

저는 3대가 덕을 쌓으셨는지, 그 은덕을 받아서 교장이 되었습니다. 교장의 이력이 조금씩 쌓이면서 조상의 묘를 잘 쓴 은공인지 교장회 회장의 기회를 가졌습니다. 제 꿈은 '회장 이성주'로 기억되기보다, '인간 이성주'로 기억되고 싶었지요. 능력의 부족을 느낄 땐, '조상의 은덕이거나 조상의 묘와는 전혀 관계가 없구나' 후회도 했습니다. 자주 그리고 많이….

교사 시절도, 교감 시절도 뜻대로 되지 않았듯이 교장회 회장 자리도 제 꿈대로 되지 않았기에 고해성사의 마음으로 송구함과 감사함 그리고 두 손 모음을 전하고자 합니다.

교장 선생님, 송구합니다.

조사(弔事)가 있으면 웬만하면 찾아뵙거나 마음을 표했어야 했지만, 그리하지 못했습니다. 결혼 청첩장을 받고도 깜빡한 경우도 없지 않을 것 같습니다. 전화나 내부 메일을 통한 민원을 단위 학교 사안이라고 여긴

나머지 메시지는 전했으나, 적극적인 액션을 취하지 않은 적도 있습니다. 비록 코로나 상황이긴 하지만 하반기 배구대회는 개최하고 싶었습니다. 전국 단위 한초협 주관 하계연수는 몰라도, 시도 단위로 하는 동계연수는 당일치기로 포항 일원(포스코 견학, 포항운하 체험, 죽도시장의 점심 등)을 둘러보고 싶었습니다. 돌아오는 길에 저녁은 격조 높은 한우 파티를 열고, 지역청별 임원도 뽑는 마무리 그림도 그려봤습니다. 그래본들, 현실로 답하지 못한 점이 많이 아쉽습니다. 송구합니다.

교장 선생님, 감사합니다.

제가 즐겨 쓰는 말 중에 '소공동'이란 말도 있습니다. 서울의 중구에 실제 소공동이라는 동네가 있지만 제가 말하는 동네는 소통, 공감, 동행을 일컫는 마음속의 공간입니다. 소통과 공감의 바탕 위에서만 동행이 가능하기에 소공동이란 말을 즐겨 씁니다. 교장회 회원님들의 다양한 제안이 소통의 씨앗이 되었습니다. 이사회에서 추가 논의를 통해서 공감을 얻은 바 큽니다. 교육감과의 간담회, 교육위원들과의 간담회, 교원인사과와의 간담회 등 모두가 교장 선생님들과 전문직 회원님들 덕분에 여기까지 동행할 수 있었습니다. 감사합니다.

교장 선생님, 행복하십시오.

지금까지 제가 드린 송구함도 감사함도 결국은 여러 회원님들의 행복하심을 비는 마음에서 비롯됩니다. 저 또한 송구함을 전하니, 한번도 해보진 않았지만 고해성사를 한 듯 용서받는 기분이고, 행복한 마음입니다. 부족한 그릇임에도 회장을 맡은 2년 동안, 동행해주신 회원님들의 후의 덕분에 무사히 마침표를 찍으니 행복한 마음입니다. 교장으로서의 특별함도 있으시지만, 한 인간으로서 보통의 삶, 일상의 삶이 얼마나 감사한 일인지 느끼면서 사시면 행복이 호주머니보다 더 가까운 곳에서 잡히지 않을까요? 내내 행복하십시오, 교장 선생님!

초보 글쟁이 성주쌤의 미래교육 이야기

부 모 는

　　　함 께 가 라 하 고

　학 부 모 는

　　　　　앞 서 가 라 한 다

출처 : 부모에 관한 '공익광고' 中에서

과거, Rolling의 시대에도
우리는 전복되지 않았습니다.

현재, Feeling의 시대에
우리는 공감하고 동행하고 있습니다.

미래, Healing의 시대에
열정에 대한 보답으로 행복하셔야 합니다.

초보 글쟁이 성주쌤의 미래교육 이야기

미래를 꿈꾸다

3장

○○초등교장회 회보

2021 교장회 회보

"프린스플Ring"

○○초등교장회 회원 여러분, 반갑습니다. 교장 선생님의 과거와 현재, 미래를 연결하여 프린스플링(PrincipalRing)이라는 신조어를 만들어봤습니다. 과거는 전복되지 않은 Rolling의 시대, 현재는 Feeling이 절실한 공감의 시대, 미래는 Healing으로 보상받는 시대가 됐으면 하는 바람이기 때문입니다. 교장 선생님들 중에는 이미 3개의 Ling이 고리(Ring)처럼 연결된 삶을 살고 계신 분들도 많을 것입니다.

과거, 우리는 Rolling의 시대에도 전복되지 않았습니다.

흔들림이나 원심력에 의해 기울어지는 현상을 뜻하는 Rolling의 시대에 우리는 결코 순탄한 길을 걸을 수 없었습니다. 때론 우리는 서로 기울거나 전복되지 말자고 서로 격려하며 걸어왔습니다. Rolling의 시대를 함께 걸었기에 우리는 추억할 수 있습니다.

"힘들어도 모두가 함께했기에 넘어지지 않았다. 우리가 함께했기에 세상이 더 나아졌노라"라고.

현재, 우리는 Feeling의 시대에 공감하고 동행하고 있습니다.

우리 신체 중 머리에서 가장 멀리 있는 곳은 어디일까요? 발이 아니라 가슴이랍니다. 진정으로 이해한다는 것은 머리가 아니라 가슴으로 이해하는 것이 아닐까 합니다. 가슴으로 이해하는 감동이나 공감은 우리 모두에게 큰 힘이 됩니다. ○○초등교장회 회원 모두는 교육이 지향해야할 바를 가슴으로 이해하고 계십니다. 온몸으로 실천하고 계십니다. 소통하고 공감하고 동행한 그곳(소/공/동)에서 우리는 함께 웅변할 수 있습니다.

"그때 그 자리에 우리가 함께했다. 소/공/동 그곳에서 우리는 충만한 삶을 살아가노라"라고.

미래, 우리는 열정으로 살아온 보답으로 Healing하면서 살 자격이 있습니다.

코로나는 우리에게 많은 경험치를 한꺼번에 많이도 줬습니다. 감내하기 힘들었지만, 그걸 넘지 못할 벽이라 생각하지 않고 담쟁이 담 오르듯 벽을 넘었습니다. 담쟁이 같은 '연결의 힘'으로 살아온 보답으로 앞날의 삶은 자신을 사랑할 자격이 있습니다. 자신만을 보듬을 자격이 충분하시기에 기도할 수 있습니다. 헌신하고 또 헌신한 당신이기에 앞날은 이랬으면 하고 두 손을 모읍니다.

"나보다 모두를 사랑했기에 세상이 많이 달라졌다. 우리의 훗날은 초원에 누워 밤하늘 별을 헤는 안식을 누려도 부끄럽지 않을 것"이라고.

교장 선생님, 프린스플링(PrincipalRing)은 그저 웃어넘기는 신조어가 아닙니다. 이 신조어, 프린스플링이 40여 년의 노고에 감사함을 전하는 훈장이 되고, 별이 되었으면 합니다. 특별히 8월 31일 자로 퇴직을 하시는 교장 선생님들께 회원 모두의 마음을 담아 감사함을 전합니다. 내내 건승하시길 빕니다.

"만나다 & 섞다 & 잇다"

오늘날을 융합의 시대, 연결의 시대라고 합니다. 의미도 의미지만 느낌만으로도 공감이 될 것 같습니다. 그래서 학문적 해석은 미뤄두고 만/나/다/와 진선미를 섞어봅니다. 아름다운 만남, 선한 나눔, 참된 다움을 서산대사의 해탈시로 연결합니다. 섞고 이으면 나름의 의미가 나올 것을 믿기 때문입니다. 또한 글이란 글쓴이의 손을 떠나면 읽는 사람의 몫이라 의미 있는 글로 탄생할 것이기 때문입니다.

만남, 그 아름다움.

서산대사의 시에 이런 구절이 있다.

"근심 걱정 없는 사람 누군고 / 출세하기 싫은 사람 누군고 / 시기 질투 없는 사람 누군고 / 흠허물 없는 사람 어디 있겠소."

근심 걱정 많은 사람과의 만남으로 그를 위로했거나 오히려 위로 받았다면 그런 사람과의 만남도 아름다운 만남이지 않을까. 출세하고 싶은 사람의 이야기로 힘을 얻었거나 실패한 이야기로 공감을 했다면 그로써 아름답지 않을까. 시기와 질투가 많은 사람과의 만남으로 나의 어제를 반성하고 오늘을 건져 올렸다면 그 또한 아름다운 일이겠다. 결국 우리 모두가 흠허물 많은 사람이니 허물을 탓하지 않고 만난다면 모두 아름다운 만남일 것이다.

나눔, 그 선함.

서산대사는 또 이렇게 게송했다.

"줄 게 있으면 줘야지 / 가지고 있으면 뭐 하겠소 / 내 것도 아닌데 / 다 바람이라오 / 버릴 것은 버려야지 / 내 것이 아닌 것을 / 가지고 있으면 무엇하리오."

우리는 대학에서 배운 것을 애오라지 사르려는 마음으로 제자에게 베풀었다. 선배에게 얻은 경험은 후배에게 나누었다. 그래도 모자라서 제자를 후배를 섬기듯 아껴왔다. 베풀고 나누고 섬겼지만 몰라주기는커녕 돌아오는 어깃장에 가슴이 문드러졌다. 그럴 때마다 '다 바람이다' 하며 더 주고 더 버렸으니 누가 우리를 선하지 않다 할까.

다움, 그 참됨.

답설가(踏雪歌)에서 "눈 덮인 길을 함부로 걷지 말라. 오늘 내가 걸어간 발자취가 이정표가 되리니"라고 가르친 서산대사는 해탈시에서 이런 가르침도 남겼다.

"잠시 잠깐 다니러 온 이 세상 / 있고 없음을 편 가르지 말고 / 잘나고 못남을 평가하지 말고 / 얼기설기 어우러져 살다가 가세 / 바람처럼 구름처럼 / 흐르고 불다 보면 / 멈추기도 하지 않소 / 그렇게 사는 거라오."

잠시 사는 세상이지만 우리는 산업화 시대엔 잘살아보자고 동참했고, 민주화 시대엔 각자의 양심에 따라 동행하였다. 이제 융합연결의 시대엔 빛의 속도(光速)로, 상상 불가의 폭(廣幅)으로 변화하기에 우리는 세상의

초보 글쟁이 성주쌤의 미래교육 이야기

요구에 동참하고 동행하고 있다.

그러므로 우리는 서로 알고 있습니다. 우리는 서로가 섞이어, 사회 어느 분야보다 융합의 가운데에 서 있습니다. 이 나라 누구보다 끈끈하게 이어져 연결의 원환(圓環)에 있음을 자부합니다. 부디 우리의 만남도 섞고 또 섞이어, 잇고 또 이어져 오래도록 마음속에 추억되길 소망합니다. 늘 잘 사세요.

저것은 벽,

어쩔 수 없는 벽이라고

우리가 느낄 때,

그때

담쟁이는 말없이

그 벽을 오른다

출처 : 「담쟁이」(도종환) 中에서

3장

○○초등교장회 월별 통신

교장회 통신 1호

"3가지 마음을 전합니다"

Prologue - '○○초 그 남자' 인사드립니다.

안녕하십니까? 20○○학년도부터 막중한 회장 소임을 맡게 된 이성주입니다. 기억을 돕기 위해서, 조금의 웃음을 드리기 위해서 말씀드리면, 2018년 총회 시에 눈썹MS(?)을 공개하고 눈썹의 힘(?)으로 총무국장 소임을 즐겁게 맡았습니다. 아마도 '○○초 그 남자'로 추억하실 것 같습니다.

처음 보내드리는 통신은 어떤 내용을 담을까, 어떤 방법으로 전할까 고민도 해봤습니다. 딱히 특별함을 선물할 수 없기에 이렇게 인사드립니다. 총회 시에 190여 분의 회원님께서 참석하셨기에 참석 못한 130여 분께 따로 인사를 드리는 게 도리라는 생각에 지난 총회 시에 드렸던 인사말로 대신합니다.

Digilog - 감성적이고 따뜻한 교장회 4월 소식

첫째, 저의 마음 두 가지는 떨림과 설렘입니다. 깜냥이 안 되기에 떨림이 있습니다. 진동이 있습니다. 이 떨림을 승화시켜 떨림은 울림으로, 진동은 감동으로 여러분에게 다가가겠습니다.

새내기이기에 설렘이 있습니다. 갑질도 않는데 갑질 근절하라고 요구받는 교장 선생님들의 현실, 한번도 경험해보지 못한 코로나 사태의 지속 때문에 한번도 걷지 않은 눈길을 걷는 두려움 같은 설렘이 있습니다. 그 힘든 길을 우리 모두가 함께 걸었노라고 추억할 수 있도록 하겠습니다(동영상: 에일리 - '첫눈처럼 너에게 가겠다'). 설렘이 설래임(雪來林)이 되어 "당신은 첫눈처럼 우리에게로 왔다"라는 말을 2년 후 이맘때쯤 듣고 싶습니다.

둘째, 새롭게 구성된 새 임원분들을 소개드리겠습니다(○○초등교장회 이사회 조직표 및 정책홍보위원회 조직표). 신은 모든 사람을 사랑하지만, 사랑을 전할 방법이 없어 이 세상에 어머니라는 분을 보내주셨다는 말을 기억합니다. 임원진 여러분과 동행하면서 모든 회원님들을 많이 사랑하겠습니다.

Epilogue - 제가 드리는 마음 3가지

마지막으로 저의 마음, 3가지를 전하고자 합니다.

첫째, 감사의 마음을 전합니다. 바쁘신 업무 속에서 자리를 빛내주신 부산광역시 김○○ 교육감님 감사합니다. 강○○ 부산○○회장님 감사합니다. 무엇보다 ○○초등교장회를 2년 동안 운영해 오신 이○○ 회장님을 비롯한 2020학년도 여러 이사님들께 감사드립니다.

둘째, 소통하겠습니다. ○○초등교장회는 운명공동체입니다. 국공립과 사립의 공존, 교장 출신 장학관과 초등교장의 공유, 부산 출신과 비부산 출신의 공생을 위해 노력하겠습니다. 균형점을 찾아 원칙과 상식이 통하는 통합의 정신을 실천하겠습니다.

셋째, 약속드립니다. 국회의 입법 발의에 대한 적극적 공론화, 교육부나 교육청의 교육정책에 대한 한초협 차원의 대응, 교직 단체나 조합과의 협력을 통해 우리의 의지를 관철시키도록 노력하겠습니다. 새 이사진과 정책홍보위원회 위원님들과 그 역할을 다하겠습니다.

경청해 주셔서 감사합니다.

초보 글쟁이 성주쌤의 미래교육 이야기

교장회 통신 2호

"떨림은 울림으로, 진동은 감동으로!"

Prologue - 그리운 만큼만 울어야지

어제는 스승의 날이었습니다. 스승의 날 축하드립니다. 주변에 네잎클로버(행운)는 눈에 띄지 않지만 세잎클로버(행복)는 손 내밀면 닿을 만한 곳에 있음을 잊지 마시구요.

어느 회원님의 인스타그램에서 시 한 편을 읽고 보슬비 내리는 일요일 아침, 걷고 싶은 울림이 있었습니다. 잠자고 있는 감성을 새벽 공기로 깨우고 싶었습니다(비 오는 날, 별 보겠다고 길을 나선 것은 아닙니다). 만개한 장미로 가득한 어느 곳의 터널을 걷다가 이제 교장 선생님께 편지를 쓰고 싶은 충동이 생겨 이렇게 마주 앉았습니다.

밤에
　　　강원석

눈물을 참으려고 / 하늘을 보다가
별 하나 들어와 / 흘러내리는 눈물
그리운 만큼만 / 울어야지 하다가
별이 질 때까지 / 울어야 했다

Digilog - 감성적이고 따뜻한 교장회 5월 소식

* 임원진 인계인수 및 연수회: 4월 22일(목) / ○○초
* 상반기 이사회: 5월 7일(금) / 화상회의
* 정책홍보위원회 간담회: 5월 13일(목) / ○○초
* 교장회 회비 납부: 5월 28일(금)/ 지역총무계좌 입금 완료

Epilogue - 많은 제안 부탁드립니다

교장 선생님, 코로나라는 엄중한 시즌에 학교 경영의 애로점이 많으실 겁니다. 교육감과의 간담회(5월 24일 예정)를 앞두고 제안하실 내용을 양식(별첨의 제안서)에 의거 18일(화) 16시까지 내부 메일(보안체크)로 회신 부탁합니다. 메일 본문에 서술하시거나, 별도의 양식을 사용하셔도 됩니다.

임원진 모두는 제안하신 내용이 관철되도록 방향과 방법을 강구하여 다함께 노력하겠습니다. 감사합니다.

초보 글쟁이 성주쌤의 미래교육 이야기

교장회 통신 3호

"고요 속에 대한 역사를 쓰시는 분"

Prologue - 고요함 속에서 들리는 회원님들의 소리를…

마음 챙김의 시(류시화, 수오서재)에 「최고의 노래」라는 시가 있더군요.

> 모든 노래 중에서 최고의 노래는
> 고요 속에서 들리는 새소리.
> 하지만 먼저 그 고요를 들어야 한다.

저는 베스파 통신에서 희망을 전하고 싶어 제목만 보고 그 쪽수를 펼쳐봤습니다. 읽다 보니, 교장 선생님께서 주시는 덕담이나 격려말씀이 생각납니다. 더 나아가 들리지 않은 목소리가 무엇일지 고요한 분들의 생각에 귀를 기울여야 하겠다는 마음이 생깁니다.

Digilog - 감성적이고 따뜻한 교장회 6월 소식

  * 학교복합시설 설치 및 운영 등에 관한 의견 조회(6. 4. 금)
  * 교육감과의 간담회 결과 회신(6. 9. 수)
  * 2학기 전면등교 관련 사전협의회(6. 15. 화)
  * 학교보건법 일부 개정에 대한 의견 조회(6. 28. 금)

* 기타 의견

- 강○○ 의원 대표발의 의견(교육감 선거권을 16세 이하로 하향)

- 연금과 퇴직수당 개선 방안 대처

- 행정실 직원 다면평가의 실제적 효과 제고를 위해 노력

Epilogue - 오늘도 대한민국의 역사를 쓰고 계십니다

2019년 12월 중국에서 첫 확진자가 발생한 코로나는 2년 2월 전 세계에 퍼지기 시작하여 오늘까지 우주를 흔들고 있습니다. 흑사병 같은 질병이 역사책에 기록된 것처럼, 코로나도 훗날 역사책에 기록될 것입니다. 세상의 모든 분들의 지혜와 용기로 코로나가 극복되었다고 기록될 것입니다. 대한민국의 교장 선생님들의 땀과 애태움으로 한번도 경험하지 못했던 온라인수업의 토대가 놓여졌다고 기록될 것을 의심하지 않습니다. 오늘도 자존감 잃지 마시고, 늘~ 건강 단디 붙잡고 좋은 날, 무탈한 날 되십시오.

교장회 통신 4호

"그때 그 자리에 당신이 있었다"

Prologue - 부산 교육이라 쓰고, 행복 교육이라 읽고 싶다

1년 반이 지나도록 떠나지 않는 코로나와 함께 지내온 세월들, 어려운 상황에서도 남다른 학교 경영으로 저마다의 꽃을 피우신 날들입니다. 덕분에 부산 교육이 행복 교육이 되었음을 우리 모두는 잘 알고 있기에 서로에게 감사의 덕담을 나눌 수 있습니다.

Digilog - 감성적이고 따뜻한 교장회 7월 소식

한초협(회장 한○○)의 역할 중심으로 이야기를 전해드립니다.

 * 학교복합시설 설치 및 운영 등에 관한 이야기
 * 산업안전보건법 시행 관련 이야기
 * 급식실 cctv설치 건에 대한 이야기
 * 한초협 회장과 한국○○ 회장과 협의 결과

1. 2학기 전면등교에 따른 학교 종사자 전체 백신 접종 방안
2. 모듈러 교실 확대 및 조만간 대방초(회장 재직교) 방문
3. 교감 및 부장 수당 인상 추진 노력
4. 서울대행정연수과정 참여 방안 협조
5. 전면등교 후에도 비대면 기자재를 활용한 학습 방안 협의

6. 교원공제회 교원의 이사 참여 등 교원의 의사를 반영하는 구조 마련 요청

Epilogue - 건강한 방학 보내시길 빕니다

교장에겐 방학이 없습니다. 하지만, 조금의 여백이 있습니다. 그 여백만큼은 자신만을 위한 시간이요, 공간이길 바랍니다. 무더운 여름, 내내 건강하십시오.

제가 좋아하는 말, "그때 그 자리에 당신이 있었다"라는 말은 교장 선생님을 두고 할 수 있는 말입니다(딸랑딸랑).

교장회 통신 5호

"설렘을 찾아서 떠나자"

Prologue - 설렘을 찾아서 '홈생크 탈출'

요번 달은 방학이라 쉬어도 좋을 통신이지만, 편하게 읽으셔도 좋을, 그 만 패싱하셔도 손해 보실 일 없는 편지를 준비해봅니다. 사실 오늘은 하고 싶은 일(후배 2분과 등산), 해야 할 일(좀 없어 보이지만, 아들 전셋집 알아보기), 해도 그만 안 해도 그만일 수도 있는 일(통신 발송)이 있습니다. 그런데, 역설적으로 편지쓰기로 하루 일과를 시작하게 됩니다. 등산은 꼭 하고 싶은 일이고 약속은 지켜야 하기에 낮에 등산을 가렵니다. 그러면 소생의 아들에게는 미안한 일이지만 가사는 제끼고, '홈생크 탈출'로 자유를 만끽하게 될 하루라 설렙니다. 사족은 그만(이상 무리한 개그는 끄읕)!

Digilog - 감성적이고 따뜻한 교장회 8월 소식

따로 또 같이! / 국회의원 발의, 개정 법률안 검토 의견서 이야기

1. 떨림이 울림으로! / 교장회와 교육청의 티키타카 공감 이야기
2. 멈춤이 아니라 더 나아감! / 'With Corona 시대'에 우리들의 진화 이야기

교장 선생님, 지난 1년 반 정도의 기간에 코로나 때문에 '신임교장 간담회', '퇴임 교장 송별회'등의 이름으로 미슐랭 가이드에 나올 법한 식당에

서 식사와 담소로 축하의 격을 높여야 하는데, 비대면으로 할 수밖에 없었습니다. 타 시도에는 없는 부산교장회만의 특화브랜드인 '배구대회'는 생략하고 '바른글씨 & 톡톡글꼴 경진대회'는 단위 학교 자율에 맡길 수밖에 없었습니다.

오는 9월 9일, 홍○○ 수석부회장님을 비롯한 이사진들과 2학기 행사 방향, 현안 문제 등을 다룰 예정입니다. 'With Corona 시대'에 어떤 활동(행사)이 좋을지, 학교 현장에 미결 과제 현안은 어떤 것이 있고 대안은 어떤 방법이 있는지 고견을 주시면 감사하겠습니다. 저를 포함한 정○○ 총무국장님이나, 지역회장님과 총무님 등 다양한 채널을 가동하시면 됩니다. 가령, 교장회 너튜브를 통한 '언택트 짬뽕 페스티벌(가칭)'을 마련하여 회원님들의 다양한 끼(시, 음악, 미술, 스포츠, DIY, 각종 취미 작품 등)를 무대에 올려서 언제 어디서든 너튜브로 공유하는 방안도 있습니다.

Epilogue - 마지막으로 감사의 말씀 드립니다

8월 31일 자로 퇴직하시는 백○○ 교장님을 비롯한 모든 교장 선생님의 앞날에 건승을 빕니다.

한 학기 수고해주신 이○○ 고문님(전임 회장님)을 비롯한 정○○ 총무국장님 등 모든 이사진들께서 참으로 애쓰셨기에 감사드립니다.

한 학기 내내 교장회 회보지를 요모조모 궁리하며 애태우신 허○○ 교장 선생님과 동참하신 집필진 교장 선생님께도 감사드립니다. 그리고 여러 교장 선생님들께서 부족함이 많은 제게도 칭찬과 함께 격려를 해주셔서 감사합니다. 저는 MSG가 잔뜩 뿌려진 반찬, 칭찬일지라도 좋아합니다.

방학이 얼마 남지 않았습니다. 설렘이 없는 날은 내 인생이 아니랍니다.

제가 가사 대신 등산을 택하고, 해야 할 일 대신 하고픈 일을 택하였듯이 자신을 보듬는 날도 좀~ 더~ 만들어보십시오.

감사합니다.

- 20○○년 성하의 계절에, 뜨겁지 못한 남자 Dream

교장회 통신 6호

"의미와 재미, 그걸 찾아서"

Prologue - 머지않아? 멀지 않아?

2학기가 시작되고, 추석 연휴가 끝나고, 시월의 시작이 멀지 않았습니다. 우리는 시작이든 끝이든 시간은 끊임이 없음을 잘 알지요. 그러기에 교장 선생님 모두는 어느 한 토막도 소홀할 수 없이 소중한 날들을 살고 계십니다.

Digilog - 감성적이고 따뜻한 교장회 9월 소식

1. ○○교장회 이사회 개최(9. 9. 목)
2. 교육혁신과 주관, 학교지원 협의회(9. 15. 수)
 - 방과후학교, 돌봄교실 지자체가 운영하는 것으로 이관(학교는 장소만 제공)
 - 교육청 차원에서 학교에 필요한 인력풀을 분야별로 구성하여 학교에 제공
 - 도서관, 상담실 등 전문인력(사서교사, 상담교사 등) 적정 규모 학교에 점진적 배치
 - 숙박형 체험학습 절차 간소화
 - 배움터지킴이 계약 관련 제한 완화(학교장 재량권 확대)

- 전체 학교에서 주기적으로 해야 할 사업은 교육청이 일괄 발주하여 추진(예시: 놀이터 모래 소독, 위험 수목 제거 등)
- 공문 발송 시 담당부서 명확화
- 학교폭력 개념 재정의(학교內 사안 국한) 강력 요구

3. 신임교장 간담회(9. 24. 금)

4. 한글사랑 바른글씨 & 톡톡글꼴 경진대회(시월 어느 날에)

5. 교육감님과의 간담회 등

6. 교육공무원법41조 연수 결재자 지정 시도별 정보

7. 연금 급여액수의 감축에 대한 근거

- 연금액수는 동일 직종일지라도 같은 기간을 임용한 사람 간에도 기준소득월액이 개인에 따라 차이가 있으니 수령액은 같을 수 없답니다.
- 중요한 것은 본인의 연금액이 제대로 산정되었는지 검토가 중요하고, 타인과 비교는 기준소득이 다르고, 개인정보도 보호되어야 하고, 타인과 40여 년의 소득을 면밀히 비교하는 건 불가하구요(개인 연금상담은 1588-4321 직접 문의하시도록 요청하더군요).

8. 교장중임심사 간소화 및 전문직 인사 관련

한초협 이사들을 대상으로 시도별 상황을 알아보니, 약간의 차이가 있지만 거의 유사한 절차였습니다. 중임심사를 받는 입장에서 공개적으로 간소화시켜달라고 심사대상자(교장회)가 요구하는 것은 사회 통념에 맞지 않다고 볼 수도 있습니다. 전문직 인사이동이 너무 짧은 주기, 잦은 교체라서 현장에 별 도움이 안 되는 사례가 간혹 있다는군요. 교육청 입장에서 저간의 사정이 있으리라 애써 생각해봅니다.

Epilogue - 의미를 찾아, 재미를 찾아!

제가 전투력이 부족하거나, 열정이 1도 없기 때문임은 잘 아시겠지요. 더러는 교장회 차원의 역할을 벗어난 사안도 없지 않습니다. 핑계는 9단이지요. 읽는 동안 조금이나마 '의미'가 있었다면, 아주 조금이라도 '재미'가 있었다면 다행입니다. 감사합니다.

교장회 통신 7호

"우문현답, 현장에 답이 있다"

Prologue - 잊혀진 계절에 생각해보는 '이상기온'이야기

10월륭에는 10월의 날씨로 인사를 드려봅니다. 10월 5, 6, 7일은 북태평양고기압의 영향으로 그야말로 7, 8월에나 있을 법한 여름 날씨였고 열흘 정도 계속되었습니다. 17일 아침에는 갑작스레 한파특보가 내려졌습니다. 아침 최저기온은 64년 만에 가장 낮은 이상기온이라고 보도하였습니다. 인근 창원은 3.8도로 32년 만에 가장 추운 10월 아침이었다고 합니다.

우리는 똑같은 가을 날씨를 접하면서 느끼는 바나, 관심을 갖는 분야는 다를 수 있으리라 봅니다. 그런 다양한 스펙트럼이 이 세상이 아름다운 이유라고 생각하는 1인입니다. 오래된 노래지만 10월이면 생각나는 전설 같은 노래─잊혀진 계절(이용), 올 가을엔 사랑할거야(방미)─를 듣는 감성 장인도 계실 겁니다.

지구온난화 문제를 미래 핵심 과제로, 교육의 이슈로 던지시는 분도 계시리라 봅니다. 올 7월부터 뉴스를 점령한 기후, 환경 문제를 모아봤습니다. 혹시 제가 기후, 환경 문제에 관심이 많다거나 조예가 좀 있는 걸로 이해하시면 안 됩니다.

* 7월 4일 기후변화가 북반구를 태우고 있다(미국, 캐나다 등 불볕더위 사태 분석).

- 불볕더위 뒤엔 화마, 캐나다 서부 177개 동시다발 산불

- 50도 불볕더위 700명 돌연사

- 아스팔트에 달걀부침 됨

* 7월 17일 인도네시아 백 년 만의 대홍수

* 7월 19일 시베리아 48℃ 폭염(마른번개로 화재, 150년래 가장 건조)

* 7월 22일 중국 정저우 1년 치 비가 내려, 나흘 만에 폭우에 잠긴 정저
우 천 년 만의 폭우

* 8월 8일 미 캘리포니아 최악의 가뭄, 54년 된 수력발전도 멈춤

* 8월 11일, 8월 21일 북극 빙하 빠르게 녹아(2050년 거의 다 녹아)

* 10월 9일 유례없는 모래 폭풍 충격(사막이 없는 브라질에 90년 만의 최악의
모래 폭풍 몰아쳐)

* 10월 10일 오만에서 폭우, 하루 만에 3년 치 비 내려

Digilog - 감성적이고 따뜻한 교장회 10월 소식

1. 한글사랑 바른글씨 & 톡톡글꼴 경진대회 개최(10월 중, 학교별 자율
운영)

2. 더배움 프로젝트 예산, 일방적 배정에 따른 대책 논의

3. 2학기 동계 연수, 방법은 없을까요(겨울방학 중, 희망지구별)? 우리 교장
회의 어느 교장 선생님께서 코로나 상황에서 ① 소규모(지구별), ② 건
전한 문화체험연수 중심, ③ 희망 회원을 대상으로 할 수 있는 가능
성을 검토해볼 만하다고 하셨습니다(그분의 말씀을 잘 요약했는지 자신은
없음).

4 하반기 교육감과의 간담회, 중요 현안 중심! 지난 상반기 논의하였던

초보 글쟁이 성주쌤의 미래교육 이야기

'배움터지킴이' 채용 관련은 국민권익위 권고사항이므로 단위 학교 교장 선생님의 재량(3년 초과 채용 등)권이 없지 않음을 확인한 바 있습니다. 이에 대해 사실을 확인하는 공문 발송을 요구하는 현장의 목소리도 존중합니다. 학생의 면면이나 학교 특성을 잘 아는 현재의 지킴이 선생님을 교체하면 학생 안전을 소홀히 하는 결과를 초래한다고 봅니다. 다만, 본 안건과 관련은 없지만 모든 학교 경영을 공문에 따를 수만은 없다는 의견도 적지 않습니다.

Epilogue - 우문현답, 현장의 의견을 귀담아 듣겠습니다

우문현답? 다 아시는 4자성어입니다. 근데? "우/리의 문/제는 현/장에 답/이 있다"로 달리 해석해봤습니다. 많은 제안 부탁드립니다.

교장 정기인사(전보)에 현장 의견을 대폭 반영시킬 예정입니다. 관리직 급지 조정 및 정기인사(전보) 주기 단축 등 교원인사과(장학관 이○○님)에서 현장의 요구를 반영하려 애쓰셨기에 감사드립니다. 원거리 출퇴근(출근 1시간 이상 소요) 교장 선생님의 희망학교 적극 고려 등 인사 문제는 우리 모두가 함께 풀어야할 高次방정식이 아닐까 하는 생각이 듭니다. 감사합니다.

교장회 통신 8호

"코로나, 그대로 희망을 노래하자"

Prologue - 공자보다 훌륭한 그분?

순자, 맹자, 공자, 노자보다 훌륭한 그분은? 웃자.

Digilog - 감성적이고 따뜻한 교장회 11월 소식

1. 11. 4. 한초협 하반기 이사회 결과
- 한국초등여교장회가 20○○. 8. 31. 자로 해산하기로 결정
- 강○○ 의원의 교장 폄훼 발언에 대해 지역구 교장단에서 적극 항의
- 지방교육자치에 관한 일부개정법률안(교육지원청의 부교육장 신설)에 반대 의사를 표명함
- 중대재해처벌법 시행령에 따른 처벌 대상에서 학교장은 제외하기를 지속적으로 요구함

2. 한초협 단톡에서 공유한 정보(수업지원교사제 지원)
- 수업지원교사제 세종, 전남 등 지역교육청에서 정기적(대전 6개월 등)으로 기간제교사 채용
- 권역별 중심 학교 기간제교사제(경남 창원 등)
- 진로교사 교당 1명(대구, 1개월 미만 보결수업)
- 문해력 수해력교사(전남 일부 학교, 별도정원) 저학년 기초학력 및 보결

수업 지원

3. 11. 16. ○○초등교장회 이사회 결과

- 20○○ 학사일정안 / 2월 초에 학사일정을 마무리하는 안(案)으로 교육청 및 중등과 학사일정 조정협의회에서 의논

4. 바른글씨 & 톡톡글꼴 경진대회 전시회 및 동영상 자료를 현장의 학생 교육이나 홍보용으로 활용하였으면 좋겠음.

Epilogue - 다이어트 성공 일화?

맘: 아들, 내 뱃살은 어떻게 빼지?

아들: 마음만 먹으면 돼요. 딴 건 드시지 마시고.

PS - 교정에 휘날리는 태극기와 교기를 보면서 이런 생각을 해봤습니다. 이왕 마련된 게양대에 학교 교기를 게양하시면 어떨지요? 바람이 불면 희망을 노래하는 듯하구요. 맑은 하늘(캔버스)에 교기가 그려지면 코로나도 놀라서 달아날 듯, 그런 상상을 합니다(이건 억척이나 비약이 분명합니다).

늘 함께해주셔서 감사합니다.

"퇴임, 또 다른 청춘이 이어짐을 알기에"

Prologue - 지금 알게 된 것을 그때도 알았더라면

"따르릉 따르릉"

교장실로 전화가 왔습니다. 교장 친구가 아니라 친구 교장의 전화였습니다. "요즘 바쁘제?" "아닌데~." "전화해도 안 받데." "핸드폰으로 하지, 교장실로 했었나?" "난, 핸드폰으로 안 한다. 난처한 상황일까 봐."

저는 대체로 핸드폰으로 전화를 드렸습니다. 상대방이 받기 어려운 상황이면, 진동으로 해뒀겠지 하는 근/자/감/으로. 친구의 이야길 듣는 순간에도, 글을 쓰는 지금도 '상대방을 진정 배려하는 것은 이래야 하는 거구나.' 이렇게 반성하였습니다.

더러는 잘 안다고 생각하는 분이 교장실로 전화를 하시면, '이분께서는 나의 전화번호를 저장해두지 않으셨나, 나와의 친분도가 별로 없으시나 보다' 생각했습니다. 저는 얄팍하기까지 했음을 송구하게 생각합니다. 이처럼 예를 다하지 못한 일, 없지 않을 것이기에 1년을 지난 지금에서야 반성을 합니다.

류시화 작가의 에세이 제목이 떠올랐습니다. '지금 알고 있는 걸 그때도 알았더라면.'

Digilog - 감성적이고 따뜻한 교장회 12월 소식

1. 부산○○ 및 관계자분들께 감사드립니다.

교장 선생님들께서 단위 학교 내 교원들에게 ○○, 노조 등 어느 단체든 적극 가입하여 몸집을 키울 수 있도록 힘을 더 모을 수 있다면 어떨까 생각해봅니다. 회원 수가 많아야, 맷집까지 늘려야 교육계의 자율성과 책무성이 드높아지기 때문입니다. 특히, 젊은 교원일수록 단체나 노조에 가입하지 않는 현실에 대한 반성과 함께 가입 교원 수를 늘리는 리더십을 발휘할 수 있도록 함께 고민하였으면 합니다.

2. 배움터지킴이 채용 관련

- (교장회 의견 전달) 국민권익위 권고내용을 반영한 공문대로 3년마다 무조건 지킴이를 교체하면 학교의 안전 역할 훼손 또는 감소 여지. 보호자 민원 등 2차적 문제 예상됨.

- (개선안 마련) 시교육청의 초등교육과와 지킴이 채용 관련 부서와의 소통으로 개선책을 마련하여 1월 중 공문 생성 및 발송 예정이라고 합니다. 감사합니다.

3. 한초협 단톡에서 공유한 정보(시도별 강사 수당 등)

* 보결수업 수당 시도별 현황

* 시간강사 수당 시도별 다양함

4. 퇴임하시는 교장 선생님, 축하드립니다.

2월 28일자로 많은 분들이 퇴직하시네요. 언젠가는 누구나 맞게 될 그날을 축하드립니다. 총무국장님(송공장 마련), 재정국장님(전별금 송금), 지역별 회장님과 총무님께서 함께 준비를 하시기에 감사드립니다. 아직 남은 달이 있지만, 함께 축하드립니다.

선배 교장 선생님!

40여 년의 세월, 따스한 손길로 어린 새싹을 보듬던 그 하루가 또 하루가 되어 오늘에 이르렀습니다. 오늘은 노을 속에 드는 듯하여도 열정과 사랑으로 삶을 수놓으셨던 교장 선생님의 또 다른 청춘이 이어짐을 알기에 회원 모두는 웃으며 손을 흔듭니다. 그동안 함께한 시간들, 행복했습니다.

교장 선생님, 늘 건강입니다. 늘 사랑입니다. 늘 행복입니다.

Epilogue - 사랑하는 사람과 우리 세상 행복하게

국립중앙도서관은 지난 20년간 국내 도서 제목에서 가장 많이 쓰인 단어는 '사랑'이라고 발표하였습니다. 이어서 '사람', '우리', '세상', '행복'이 뒤를 이었다고 합니다. 이렇게 기사를 읽는 도중에 '키워드를 이으면 이 또한 책 제목이 되겠구나'생각하였습니다. 아니나 다를까, 기사를 읽는 마지막 부분에 키워드를 이으면 '사랑하는 사람과 우리 세상 행복하게'가 된다고 하였더군요. 사람들이 각박한 사회에서 행복해지고자 하는 바람이 반영된 것 같다면서. 올해 마지막 12월, 그리고 방학 동안에도 사랑하는 사람과 행복한 세상 만드시길 바랍니다.

교장회 통신 10호

"1월 어원이 야/누/스/라고요?"

Prologue - 1월 1일 말고? 12월 32일

잘 계시지요~. 읽고 싶은 글이거나 읽을거리가 있는 통신. 둘 중 하나는 되어야 할 텐데 걱정이 앞섭니다. 난데없이 노래 한 곡 소환하여 교장회 통신, 그 문을 엽니다. 늦은 1월이라 바쁘시다면 다음으로 넘어가시고, 늦은 1월이지만 시간이 좀 있으시다면 한 曲 즐겨 보십시오.

별의 曲, ♫12월 32일♪(포르테 디 콰트로 노래), 판단과 느낌은 각자의 몫입니다.

Digilog - 감성적이고 따뜻한 교장회 새해 1월 소식

1. 한글사랑 대회 작품 전시 & 동영상 상영을 마치고

한글사랑 바른글씨 작품(2019)과 톡톡글꼴 동영상(20○○)의 전시 및 상영 기회를 주신 학생예술문화회관(관장 박○○님) 측에 감사드립니다. 아울러 동영상을 구경하시는 분들이 작품 속의 해당 학생이나 희망자에게 공유하시면 좋지 않을까 건의도 하였음을 알려드립니다.

2. 이○○ 교육위원 발의 VS 교장회 원팀의 위력

교장 선생님들께서 함께 고민하시고 적극적인 반대의견 피력에 힘입어 교육위원장 및 해당 교육위원 면담, 국회의원 사무실 방문 등의 노력이 있

었습니다. 현장에서 바라는 대로 결론이 났습니다.

3. 20○○학년도 한초협 제3차 정기이사회 및 연수회(1. 20. 목)

- 학교시설 건축비용 표준안 마련

- 교사 1인당 학생 수 적정화

- 교원 사기 진작(보직수당 인상, 교감의 증치 기준 학급 수 고정으로 인한 문제)

- 학습연구년제 교장, 교감 제외로 인한 상대적 소외감

- 副교장제 도입(교감의 직명을 부교장 변경, 위상에 맞는 수당의 증액이 필요)

- 교원 성과급제도 개선(교원의 성과 획일적 3등급 병폐 감안, 부장 처우 개선)

4. 한초협 건의에 대한 교육부 교원정책과 답변(1. 25. 목)

　가. 교원 수급 관련

　　고교학점제 등 중등교원 수급수요 확대에 따른 초등교원 수급 감축
　　우려, 지역별·학교별 학급당 학생 수 편차 완화, 불요불급한 학교외
　　기관 교사 파견 축소 등

　　⇒ 교원 수급계획 수립 시 초등과 중등은 분리하여 별개로 운영되
　　　므로 중등교원 정원 확충을 위해 초등교원 정원 축소는 불가, 시
　　　도별 교원 정원 배분 기준 마련 시 시도교육청에서 학교 중심으
　　　로 교사를 배치하고자 하는 노력 반영 검토

　나. 원로교사 관련

　　교감 승진 연한 단축(25년→20년)으로 원로교사 증가 예상됨. 원로
　　교사에 대한 교육부 입장 질의

　　⇒ 윤○○ 의원이 원로교사제 폐지법안을 발의했으므로, 동 법안
　　　심사 시 논의를 통해 최종 결정될 예정이며, 이와 함께 중임 만료
　　　후 정년 잔여 교원의 역할 및 활용 방안 수립 예정

　　　　　　　　　　　　초보 글쟁이 성주쌤의 미래교육 이야기

다. 대체 교사인력 관련

코로나 감염 등 교원의 갑작스런 공백에 대한 인력 지원 필요

⇒ 올해 시도교육청에서 교과 정원의 3.5%까지 정원외 기간제 교원을 활용할 수 있도록 안내하였으며, 이들 대부분은 과밀학급 해소 학교에 배치되고, 일부 교육청에서는 교육지원청에 정원외 기간제 교원을 배치하여 관내 학교에 단기 강사 수요 발생 시 파견 등에 활용할 예정임

라. 휴가예규 관련

교원휴가예규 개정에 대한 해설집 발간 시 교장의 의견 청취 필요. 연가 사용의 사유 질문이 교장의 갑질로 오해받고 있는 상황이므로 학사일정에 지장을 초래하지 않는 한 수업일 연가 사용을 원활하게 할 수 있도록 예규를 개정하는 방안 제안

⇒ 개정 예규 적용 시 관리자와 교사 간 수업일 중 연가 사용과 관련하여 불필요한 갈등이 발생하지 않을 수 있도록 교장, 교감, 교사의 의견을 충분히 반영하여 교원 연가 사용에 관한 안내문 작성 예정

마. 자율연수휴직 관련

일반공무원과 동일하게 5년 이상 재직 시 신청 및 10년 단위 재신청이 가능하도록 관련 법률 조속히 개정 필요

⇒ 자율연수휴직 개선 정부입법 발의(2020. 11.) 및 국회 계류 중이며, 조속히 개정 법률안이 통과될 수 있도록 노력하고 있음

Epilogue - 1월 어원

1월을 뜻하는 January 어원이 뭘까 궁금하기도 하였습니다. 교장회 통신을 어떻게 마무리할까 생각도 했습니다. 테스껸이 아니라 네이버 이웃에게 물어봤습니다. 이런 사실이 있더군요.

고대 로마 시대에는 출입문을 관장하는 신으로서 얼굴이 앞뒤로 달린 야누스(Janus)신을 모시는 제전이 있었다고 합니다. 영어의 January(1월)는 라틴어에서 온 것인데, 1월이라고 하면 신년과 구년을 앞뒤로 내다보는 달이라고 하여 이 말에서 따 온 것이라고 합니다. 올 학년도 한 해를 되돌아보시고, 20○○학년도 새로운 한 해를 생각해보시는 야누스(Janus)신이 되어보시길 바랍니다.

초보 글쟁이 성주쌤의 미래교육 이야기

교장회 통신 11호

"졸다가 쓴 시, 졸시(拙詩)를 바칩니다"

Prologue - 학년도 마지막 달, 연대의 힘을 얻고자

살다 보면 벽을 느낄 때가 많지요. 절벽의 완성은 '완벽'인데, 그 완벽까지 가는 길은 담쟁이에게서 연대의 힘을 받아야 가능하지 않을까 싶습니다. 모 대통령이 좋아하셨다는 그 시를 모두 옮길 수는 없어도, 조금은 인용하고 싶네요. 학년도 말에 교원들에게 남은 에너지는 얼추 제로이기에. 어쩔 수 없는 벽, 절망의 벽, 넘을 수 없는 벽이라고 느낄 때, 담쟁이는 그 벽을 넘습니다. 말없이, 서두르지 않고, 서로 연대하여 결국 그 벽을 넘습니다. 우리도 함께 넘읍시다. 2월의 거산을 넘어 봅시다. 완벽을 위해서!

Digilog - 감성적이고 따뜻한 교장회 2월 소식(헌정시/이성주)

절벽을 함께 넘으려

애쓰셨기에,

한 뼘이라도 더 가자고

함께 손을 내밀었기에

세상이 조금은 달라졌노라고 말할 수 있었습니다.

그때 그 자리에

우리는 함께하였기에

절벽의 끝은 완벽에 가까운 그 무엇이

될 수 있었습니다.

희망을 놓지 않아야 좀 더 멀리 갈 수 있다고

서로 이끌었기에

우리는 아무도

고개를 숙이지도 않았습니다.

Epilogue - 나의 감성을 담은 자작시 1편을 답시로 주소서

교장회 통신 12호

"셋을 묻고, 셋을 답하다"

Prologue - 승진과 퇴임을 축하드립니다

어제는 2022. 3. 1. 자 교장회 신임 회원님들과 함께 환영식 겸 간담회를 가졌습니다. 코로나로 인하여 비대면 방식으로 진행하여 아쉬움이 없지 않지만, 만남은 누구에게나 반가운 일이 아닐까 확인하는 자리였습니다. 신임 회원 분들께, 승진을 다시 한번 축하드립니다.

3월 29일! 2022학년도 정기총회 및 연수회의 날!

다가오는 29일 10시부터 ○○초등교장회 정기총회를 갖고자 합니다. 이번 정기총회는 16인의 이사회에서 연수회를 겸하여 준비하고 있습니다. 1부는 정기총회(10시부터, 약 50분), 2부는 연수회(11시부터 50여 분)가 예정되어 있습니다. 연수회는 김성곤 강사님(인문학 유명 강사)과 함께 '중국 고전에서 배우는 소통 리더십'을 주제로 소통, 공감, 동행의 시간이 되리라 확신합니다. 정기총회의 날 제게 주어진 '회장 인사'는 지금 드리는 통신으로 대신하고자 합니다.

Digilog - 감성적이고 따뜻한 교장회 3월 소식

교장회 통신 28호에는 아래와 같이 ① 20○○년 우리가 해낸 일들을 회고하고, ② 그런 일들은 모든 회원님들의 참여로 가능했기에 감사함을 드리고, ③ 20○○년 우리에겐 다 함께 희망을 노래할 마음의 준비가 필요함을 말씀드리고 싶어서 준비했습니다.

세 가지 질문, 스스로 답하다

오늘은 코로나로 인하여 비대면 방식으로 '20○○년 ○○초등교장회 정기총회'를 개최하는 날입니다. 1년을 돌아보고 감사함을 전하면서 아울러 몇 가지 바람도 드리고 싶어 세 가지 자문자답을 해보고자 합니다. 저자 존 무스는 톨스토이의 『세 가지 질문』을 어른, 아이 누구나 쉽게 읽을 수 있게 고쳐 쓴 것처럼, 저는 존 무스가 고쳐 쓴 『세 가지 질문』을 교장 선생님, 전문직 장학관님을 떠올리며 인사드립니다.

첫째, 돌이켜 보면 교장회에서 가장 중요한 때는 언제인가?

가장 긴박하면서도 가장 중요했던 때는 이*화교육위원 입법예고안을 저지한 일이 생각납니다. '자원봉사활동 지원에 관한 조례'가 통과되었다면 지금까지도 학교 현장은 무질서한 상황으로 해결책 찾기에 동분서주하고 있지 않을까 싶습니다. 그 밖에 9월 6일 등교 관련 공문에 "9/1~9/3 기간 소규모학교는 학교장 자율 판단"이라고 한 줄 넣어서, 소규모학교는 원격수업 대신 등교수업으로 대체한 일, 국민권익위권고안(배움터지킴이 3년 초과 시 재채용 불가) 대신 3년 초과자 채용 가능으로 바꾼 일, 산업안전보건법 시행령 조항에서 학교장을 사업주에서 관리감독자로 관철한 일, 교장 정기전보시기나 급지 조정에 현장 의견을 일부 반영한 일, 바른글씨 작품과 톡톡글꼴 동영상을 전시하여 문화예술공유의 장을 학교 밖으로 넓힌 일 등의 추억이 소환됩니다. 이런 결과의 원천은 교장회 회원 모두의 힘에서 비롯되었습니다. 장학관님의 열린 사고와 부산○○의 지원이 낳은 결과이기도 합니다.

둘째, 현재 생각해보면 교장회에서 가장 중요한 사람은 누구인가?

단연코 퍼스트는 모든 회원님이십니다. 지난 2월 통신에서 「담쟁이」 시를 헌정하면서 드렸던 마음입니다. 또한 전임 회장으로서 지혜와 경험치를 쏟아주신 이○○ 고문님, 굵직한 현안 해결책을 제시해서 활로를 찾아주신 홍○○ 수석님과 지역청별 회장님, 묵묵히 헌신하신 지역청별 총무님과 감사 두 분 등 모두의 무한 헌신에 감사드립니다. 아울러 정책홍보위원회의 허○○ 위원장님과 세 분의 위원님께도 깊은 감사를 드립니다. 끝으로 빛 같은 속도로 한결같이 결 고운 일처리를 해주신 쌍두마차 정○○ 총무국장님과 권○○ 재정국장님께는 살아가면서 마음의 빚을 갚고자 노력하겠습니다. 그동안 정말 감사했습니다.

셋째, 앞날을 생각하면 교장회에서 가장 중요한 일은 무엇일까?

우리에게 미래 과제는 수없이 많을 것이 분명합니다. 20○○학년에도 예측 가능한 도전 과제나 예상치 못한 현안 과제가 없지 않을 것입니다. 그때마다 모든 교장 선생님께서는 뜨거운 열정을 보여주십시오. 몽골피에 형제가 발명한 열기구가 불가(不可)의 영역이었던 하늘을 나는 꿈을 이뤘듯이 열정은 교장회의 최고의 자산입니다. 나비의 작은 날갯짓 하나가 생각지도 못한 폭풍을 일으키듯 모두가 날갯짓하는 나비가 되어주십시오. 몸통은 크고 날개는 작아서 떠 있기도 힘들지만, 호박벌은 꿀을 모으기 위해 비행을 한답니다. 교장 선생님들께서는 모두 꿀을 모으는 호박벌이 되어주십시오. 우리에게 꿀이란 '미래 세대의 행복을 위한 교육'이 아닐까 생각합니다.

Epilogue - 내 앞으로도, 내 뒤로도 걷지 마십시오

오늘 우리 ○○초등교장회 총회에 기꺼이 참석해 주신 내빈 여러분들께 감사드립니다. 미래 행복 교육의 토대를 마련해주시는 김○○ 교육감님, 미래 행복 교육을 위한 예비교사 양성에 열정적인 박○○ 부산교대 총장님, 이 자리를 빛내주신 부산시의회 이○○ 교육위원장님과 부산○○ 이○○ 수석부회장님께 감사드립니다. 내빈 여러분의 응원과 지원 속에 우리 회원님들이 남긴 업적은 미래의 현실이 되기에 아직은 역사책에 남아 있지 않을 뿐입니다. 그러나 우리의 업적은 미리 써보는 미래 보고서에는 또렷이 기록될 것입니다. 회원 모두가 드높은 자존감으로 나비처럼, 호박벌처럼 열정으로 빛나는 20○○학년도를 기대합니다. 알베르 카뮈의 명언을 소개드리면서 인사를 마무리하고자 합니다.

"내 앞으로도 내 뒤로도 걷지 마십시오. 내 옆에서 걸으면서 친구가 되어주십시오."

초보 글쟁이 성주쌤의 미래교육 이야기

교장회 통신 13호

"99도와 100도 사이, 임계점을 넘어"

Prologue - 격리와 칩거 사이

격리! 그동안 코로나로 격리 시즌을 2년 넘게 하셨습니다. "그립다" 말은 하셔도 "만나자" 말은 할 수 없는 아쉬움을 경험하셨을 것입니다.

칩거! 칩거(蟄居)라는 말은 원래 벌레가 겨울잠을 자기 위해 땅속에 스스로 숨는 것을 일컫는 말입니다. 자발적 격리가 칩거인 셈입니다. 마스크 때문인지 규명은 못해도, 환절기만 오면 찾아오는 감기를 뛰어넘는 유익함도 경험하셨을 것입니다.

오늘(4. 22.)은 일상 회복을 위한 초중고 교장 원격회의가 있었습니다. 일상을 회복하면 사회적 거리두기로 생긴 틈 사이에 묻어두었던 그리움을 꺼내서 좋은 벗들과 좋은 만남 있으시길 바랍니다. 격리와 칩거 사이가 아닌, 그 바깥으로 탈출할 수 있으니 모두에게 축복이 아닐까요.

Digilog - 감성적이고 따뜻한 교장회 4월 소식: 소통과 고통 사이

교장회 업무나 소통은 대략 3가지로 이뤄지고 있습니다. 업무포털, 내부 메일, 지역청별 단톡 등 3가지 방법이 쓰이고 있습니다. 업무포털(K-에듀파인)은 교장회(기관장 협의체)에서 공공성을 갖고 사용할 수 있는 시스템입니다. 내부 메일은 공공성이 강한 K-에듀파인 대신에 공적 문서(공문)를 주고받는 방식으로 쓰고 있습니다.

끝으로 지역청별 단톡은 쌍방향이나 다방향 통신이 가능한데, 더러는 소음이거나 공해가 되어 고통스럽다고 하십니다. 세상에 공짜가 없고, 당연한 게 없다고 하지요. 아마도 소통을 위해선 조금의 고통이 동반되리라 봅니다. 지역청별 회장님이나 지역총무님께서 단톡을 이용하실 일이 더러 있습니다. 교육청에서 현장의 다양한 의견을 가감 없이 신속하게 요청할 경우나 연회비 납부 현황이나 협조 말씀을 드릴 일도 있습니다.

다만, "수고하십니다" 등의 응원 메시지는 TMI라 고통이 될 수 있습니다. 응원이 없으셔도 서로가 마음과 마음으로 전해짐을 잊지 않을 것입니다. 그런 소통은 고통을 넘어 모두에게 의미와 재미를 주는 선물이 될 것입니다.

Epilogue - 99도와 100도 차이

한국의 피겨 요정 김연아의 글 중에 나오는 말, "99도까지 죽을힘을 다하여 온도를 올려두어도 마지막 1도를 넘기지 못하면 물은 영원히 끓지 않는다. 물을 끓이는 것은 마지막 1도, 포기하고 싶은 그 1분을 참아내는 것이다." 임계점의 가치를 입증한 스타 김연아가 온몸으로 느낀 진리겠지요. 교장 선생님의 하루하루가 임계점을 넘는 그 무엇이길 빕니다.

초보 글쟁이 성주쌤의 미래교육 이야기

교장회 통신 14호

"헬렌 켈러, 내가 3일 동안 볼 수 있다면"

Prologue - 헬렌 켈러, '내가 3일 동안 볼 수 있다면'

보지도 듣지도 말하지도 못했던 헬렌 켈러가 '내가 3일 동안 볼 수 있다면'이란 제목으로 1933년 한 잡지사에 발표한 내용을 읽어보았습니다.

설리반 선생님을 몇 시간이고 물끄러미 보고 싶다는 첫째 날 이야기는 '저를 추억하는 문하생은 몇이나 될까?' 생각하게 합니다. 어쩌면 한 명도 없을지 모른다는 생각이 듭니다.

메트로폴리탄의 박물관을 찾아 인간이 진화해온 궤적을 확인하고 싶다는 둘째 날 이야기를 읽으면 현재의 내가 있기까지 감사한 이야기, 서툴게 산 부끄러운 이야기가 섞이고 맙니다.

오페라하우스와 영화관에서 공연을 보고 싶다는 셋째 날 이야기는 '퇴직 이후의 인생 2막에 과연 나는 즐길 만한 취미가 있을지, 저와 함께 함께 놀아줄 벗은 몇이나 되는지?' 떠올리게 합니다. 하나도 준비된 것이 없다는 불안감이 앞섭니다.

그렇지만 누군가에게 편지를 전할 대상이 있고, 어떤 내용을 담을까 설렘이 있다는 건 제게도 그리움이 있고, 제게도 심장이 아직 뛰고 있다는 것입니다. 이를 감사히 여기며 통신을 시작합니다. 아참, 숨겨둔 사실! 월별통신을 보낸 날, 그리고 보낸 후 며칠까지는 업무포털 중 내부 메일을 제일 먼저 열어봅니다. 간혹 답장을 주시는 분들 덕분에 그리움이 더 커지고, 기분도 좋아지는 '얄팍한 성주'라서 그렇답니다.

Digilog - 감성적이고 따뜻한 교장회 5월 소식

1. ○○협 이사회(5. 3.) 결과 보고

   가. (사)한국초등교장협의회 하계연수회 취소

   나. 아침 교육활동시간 지도에 대한 보결수당 지급 여부

   다. 돌봄전담사 방학 중 근무 관련

2. 청렴평가제도 폐지 홍보

교육청 관계 부처에서 이미 공문으로 발송하였는데, 홍보 협조요청이 있어 전합니다.

3. 2건의 의원 발의안 검토 의견서 제출

방과후학교 운영 관련하여 국회의원 두 분의 발의안이 공문으로 왔습니다. 검토의견서 제출일은 금요일(27일)까지입니다. 그래서 ○○교장회 이사진 교장 선생님들과 함께 서둘러 첨부파일 맹글어 첨부합니다.

4. 우리 삶에 영향을 미치는 빅 선거(교육감선거, ○○회장선거)

민감한 사안이라 언급 자체도 신경이 쓰입니다. 다만, 우리 교직계에 몸담은 구성원들의 입장에선 내 삶에 영향을 미치는 빅 선거가 있다는 것. 구성원의 투표는 의무이자 권리가 아닐까 합니다.

Epilogue - 이솝 우화, 태양과 북풍

이솝 우화 「태양과 북풍」에서 지나가는 나그네의 외투를 벗긴 것은 차갑게 휘몰아치는 북풍이 아니라 따뜻하게 내리쬐는 태양의 햇살이었습니

다. 지금 말해보세요. "잘했어요, 멋집니다"라고. 지금 들려줘보십시오. "오늘도 수고했어요, 바로 당신"이라고. 타인도 좋지만, 그 칭찬을 자신에게 들려주세요. 심장이 뜨거워지도록!

교장회 통신 15호

"세르파 그리고 한민족"

Prologue - 네팔의 고산지대 소수민족, 세르파!

세르파는 짐꾼? 우리 교장회에도 진정한 산악인이 더러 계십니다. 위대한 산악인이 특별한 기록을 세운 뉴스를 접하면 산악인의 이름이 회자됩니다. 위대한 산악인 곁에는 항상 위대한 셰르파가 함께 있었는데 셰르파라는 단어는 짐꾼을 뜻하는 것이 아니랍니다. 약 500년 전 동부 티베트에서 에베레스트 남부 빙하 계곡으로 이주해 와서 네팔 고산지대에 거주하는 소수민족의 이름이랍니다.

대한민국 교육계에도 코로나라는 거산을 등정하도록 짐꾼을 마다하지 않은 소수가 계십니다. ○○초등교장회 회원님들이라고 뉴스 전파를 타진 않았지만 우리 회원님 모두가 거산을 등정한 사람들입니다. 거슬러 올라가보면 개학 연기, 개학 재연기 등으로 출발한 해발 2미터의 험난한 산을 넘었습니다. 줄곧 온라인과 오프라인이 섞여 처음 접하는 블렌디드한 난코스의 산을 2년 남짓 지나는 중입니다.

이제 얼추 일상으로 돌아와 보니 20○○학년도 성하의 계절에 당도했습니다. 이 시간이 좀 지나면, 에너지 충전의 기회를 가질 즐거운 여름방학이 있습니다. 별 게 아닌 방학이 아니라 특별한 방학을 미리 설계해보시면 어떨까 싶습니다. 가고 싶은 곳에서 그리운 분을 만나 포스트 코로나 이야기도 나눠봄 직합니다.

Digilog - 감성적이고 따뜻한 교장회 6월 소식

1. 정책홍보위원회 간담회(6. 9.) 개최

2. 現 교육감과 차담회(6. 20.) & 교육감 당선인과 간담회 추진

바쁘신 가운데 교장회 담당을 맡고 계시는 유초등과와 조율을 통하여 차담회를 가졌습니다. 그동안의 소통과 공감 이야기를 나눴습니다. 그간의 고마움을 교장회 일동의 이름으로 전하였습니다. 신 교육감(당선인)과의 간담회를 어떤 방향, 어떤 방법으로 할지 초등과장님의 지혜를 빌려 조율하고자 합니다.

3. 한○○장학회와 교장회 MOU 체결

초등교사로 근무하는 동안에 한번쯤은 들어봄 직한 장학회가 있습니다. 6월 어느 날에 한○○장학회(백○○ 이사장) 이사회 개최(20○○. 5. 19.) 결과를 전해 오셨습니다. ○○초등교장회에서 주최하는 '한글사랑 바른글씨 & 톡톡글꼴 경진대회'에 협찬(상금 제공)을 의결하였는데, 부담 갖지 말고 선의를 받아주십사 하는 내용이었습니다. 수혜자와 상금의 구체적인 상황은 장학회 이사진과 교장회 이사회의 상호 간 논의에 기초한 MOU 체결을 통해서 가능하리라 봅니다.

4. 제 스스로에게 던지는 독백 같은 다짐 이야기

코로나 상황, 개인의 역량 한계 등으로 회원님들이 기대하시는 회장의 소임을 제대로 못하고 있습니다. 현장의 목소리를 경청하고, 이사회 회원님들과 함께 더욱 노력하는 이사회가 되도록 하겠습니다. 교장회 역할은 속도도 중요하지만, 방향이 더 중요하기에 다음과 같은 방향을 생각해봤

습니다. ① 교직 단체나 교원 노조의 가입자 수 확대(전 교원이 노조 및 어느 단체에든 가입하는 문화를 창조하는 촉진제 역할), ② 고충처리기반 교원인사 제안(예를 들면 제한적 청간 초빙제도: 초빙기간 만료 시 원대복귀 전제하에 광역 초빙제도), ③ 방과후학교 업무 경감 및 이관(전담인력 1교 1인 배치 요청, 중장기적으로는 지자체 이관) 등을 위해 노력하고자 합니다.

Epilogue - 헌신으로 한반도의 역사를 쓰는 남다른 민족, 한민족!

몽골의 전통 가옥 '게르'는 문이 낮아 들어갈 때는 겸손하게 허리를 굽혀서 들어가야 합니다. 상대의 집에 갈 때는 사이가 좋든 나쁘든 고개를 숙인 채 겸손한 마음으로 방문하라는 의미랍니다. 호국보훈의 달, 겸손한 태도로 인사드립니다.

'태도'라는 말을 하니 언젠가 읽었던 글이 생각나서 소개드립니다. 영어의 알파벳을 A는 1점, B는 2점, C는 3점. 이런 식으로 Z까지 점수를 각각 매겨봅니다. 그리고 인생에서 성공에 관련된 단어를 대입시켜서 가장 큰 점수를 받는 것을 찾습니다. 행운을 뜻하는 'LUCK'은 47점, 행복 HAPPY는 66점이네요. 행운을 바라지 말고, 행복을 찾으면 더 지혜로운 삶이 아닐까 힌트를 얻습니다. '태도', '자세'를 나타내는 'ATTITUDE'는 100점이 나옵니다.

강대국 사이에서 한반도 대한민국이 이렇게 유구한 역사를 이어온 데는 한민족의 희생적 태도 덕분이겠지요. 에베레스트 산을 등정한 산악인과 같은 피땀 흘리는 열정, 셰르파 민족처럼 남다른 헌신을 하신 선열의 자세 덕분이겠지요. 호국보훈의 달 6월을 맞아 감사하는 태도를, 헌신하는 자세를 갖고자 노력하는 1인이 되겠습니다. 忠~誠!

교장회 통신 16호

"우린 무아지경에 빠질 순 없을까"

Prologue - 그제(7. 18.)는 교장회 홍보위원님들께서 열정을 보이신 날!

이○○ 위원장님을 비롯한 위원님들 4분이 무더운 여름도 잊은 채 교장회 회보를 만드신다고 애를 쓰시더군요. 일거리를 갖고 가서 다음 26일에 또 머리를 맞대시고 열성을 보이실 테지요. 어제 이 세상에 진리를 보았습니다. 세상엔 공짜도 없고, 당연한 것도 없습니다. 이 세상 모든 것은 누군가의 땀으로, 누군가의 피로 일궈낸 것임을 알게 됐습니다. 오늘 7월 통신은 감사함으로 시작합니다. 감사드립니다.

Digilog - 감성적이고 따뜻한 교장회 7월 소식

1. 국회의원 법률 발의안 검토의견서 상반기 모음(김선교 의원 대표발의안 등)

2. 20○○ 한초협 제2차 이사회 및 연수회(7. 14. ~ 7. 15.)

   가. 이사회 안건 1: 상반기 사업 결과

   나. 이사회 안건 2: 20○○ 한초협 이사·대의원 연수회 및 총회 개최 협의(11월경, 제주도)

   다. 연수회 주제: 초등돌봄 확대, 무엇이 문제인가?

   - 문제점: 아동 인권을 무시한 돌봄 확대(밤 8시까지, 8시간 이상 학교 머

무는 것 등)

- 개선책: 아이들의 행복한 삶을 보장하는 돌봄 과제(쉼과 행복을 주는 돌봄, 돌봄 행정 업무 지원 강화, 돌봄 안전망 구축, 가정 돌봄이 가능한 사회 노동 환경 개선, 지자체와 함께하는 돌봄 연계 등), 지방자치 관련법에 돌봄 교실 운영 의무 명시(학교는 시설지원 담당), 방과후학교 참가비 무상 지원 확대(안건 3의 지방재정교부금 개편안과 연계)

3. 교육감과의 간담회 (7. 15.)

4. 교장회 부고장 알림 방법에 대한 제안

5. 20○○. 8. 31. 자 퇴임 교장 송공장 및 전별금 전달(7. 21. ~ 8. 26.)

6. 조리 실무사 인사이동의 문제점과 개선책(7. 19.~)

Epilogue - 올 여름엔 무아지경에 빠지는 날들!

어제 예전의 동료 몇 분과 전통 찻집 무아차방(無我茶房)에 갔습니다. 요즘 대세는 커피 전문점, 카페라서 그런지 손님들이 없고 우리들만의 공간이었습니다. 편안함 때문인지, 우리들은 나를 잊고 예전의 이야기로 무아지경, 몰아일체, 혼연일체가 되었습니다. 회원님들께서도 편안한 만남이 있는 여름방학 되시길 빌겠습니다. 편안함은 새로운 사람과의 만남 대신 예전의 지인을 만나 익숙함에 젖어보는 것이 아닐까 하는 생각을 더하면서 마무리합니다.

긴 글 읽어주셔서 감사합니다. 슬기로운 생활, 즐거운 생활이 함께하는 여름방학 되십시오.

교장회 통신 17호

"근대 학교제도를 재판합니다"

Prologue - 8월호의 시작은 킬리만자로의 표범, 노랫말로 엽니다.

　가왕 조용필의 노래를 듣다 보니, 대사가 엄청 긴 노래가 있더군요. 너무 빨라서 못 알아듣는 참에, "고독과 악수하며~"라는 표현이 너무 매력적이라서 인터넷 검색을 하여 대사를 찾아봤습니다. 뛰어난 랩 스킬, 트렌디한 프로듀싱 실력자라고 평가받는 래퍼 지코가 대사 부분을 부른다면 더 매력이 넘칠 거 같다는 생각도 살짝 하였습니다.

　(대사) "…내가 지금 이 세상을 살고 있는 것은 21세기가 간절히 나를 원했기 때문이야. 구름인가 눈인가 저 높은 곳 킬리만자로 오늘도 나는 가리. 배낭을 메고 산에서 만나는 고독과 악수하며 그대로 산이 된들 또 어떠리."

Digilog - 감성적이고 따뜻한 교장회 8월 소식

　1. 2학기 학사 운영 및 방역 안내 학교장 원격회의(8. 8.) 이야기

　2. 퇴임 교장 선생님께 드리는 송공 이야기

　40여 년의 세월, 따스한 손길로 어린 새싹을 보듬던 그 하루가 또 하루가 되어 오늘에 이르렀습니다. 오늘은 노을 속에 드는 듯하여도 열정과 사랑으로 삶을 수놓으셨던 교장 선생님의 또 다른 청춘이 이어짐을 알기

에 교장회 회원 모두는 웃으며 손을 흔듭니다.

교장 선생님의 투철한 교육관과 고결한 인품 덕분에 함께한 시간들, 행복했습니다. 교장 선생님의 앞날에 건강과 행복이 함께하시길 기원합니다.

3. 따로 또 같이 생각해보는 미래교육 이야기

방학 중 상시 원격연수 3강좌(4차 산업혁명과 미래교육, 가르치지 말고 PLAY 하라, 교직원을 위한 맞춤형 생애 설계)를 신청했습니다. 앞의 두 강좌는 아직 내게도 교육자로서의 역할이 남은 까닭이요, 마지막 강좌는 저는 생애 설계 중 돈과 관련된 설계가 거의 백지 수준이기에 맞춤형 재무 관련 설계를 조금은 알고 싶었기 때문입니다.

'4차 산업혁명과 미래교육'에서 제일 기억나는 내용은 2년 기업이 바라는 인재상을 2015년 인재상과 비교하였을 때, 1위는 복잡한 문제해결력으로 변화가 없다는 점, 6위 감성지능과 10위 유연성이 추가되었다는 점, 가장 높은 상승(10위→3위)을 보인 역량은 창의성이라는 점입니다.

'가르치지 말고 PLAY하라'에서 제일 기억나는 내용은 없습니다. 아직 이수하지 않은 상태라서 그러합니다.

'교직원을 위한 맞춤형 설계'에서 제일 기억나는 내용은 아주 단편적 지식입니다. 100세 시대의 의미는 '최빈사망연령'이 100세가 아니라 90세에 육박하는 시대라는 것입니다. UN은 2009년 「세계인구고령화」라는 보고서를 발표하면서 '한 해 동안 가장 많은 사람이 사망하는 연령대'가 100세가 아니라 90세이면 100세 시대라 정의한 것입니다.

Epilogue - 8월호의 마무리는 래퍼의 영상 한 편으로 닫습니다.

8월호 마무리는 꽤 괜찮은 영상 1편을 공유하고자 합니다. 본 영상은

초보 글쟁이 성주쌤의 미래교육 이야기

이미 보신 분이 많으실 것입니다. 저 또한 2019년 4월, ○○교장회/총회 자리에서 참석자 분들과 함께 본 영상입니다. 근대 학교제도를 신랄하게 비판하면서도, 교사의 대우는 의사 못지않아야 함을 강조하는 부분에서 더욱 공감을 하게 됩니다.

★ 근대 학교제도를 재판합니다(래퍼가 재판에 어항을 들고 간 이유).

영상을 아직 보지 않은 분께는 스포일러(spoiler)가 아닐지, 이미 보신 분들께는 사족(蛇足)이 될지 모릅니다. 그래도 대략의 숲 안내도를 보고 등산을 하면 도움이 될 수 있기에 조금 안내드립니다. 아인슈타인의 말, "모든 사람은 천재다"의 인용을 시작으로 이런 천재들을 150년 전의 교실 같은 곳에서 오늘날도 같은 방식으로 수업을 하니 천재들의 개성과 창의성은 죽었다고 합니다. 이것은 역대 최악의 범죄에 다름 아니라고 촌철살인을 하구요. 그러나 이 범죄는 근대 학교 시스템의 잘못이지, 교사 탓이 아니라고 설파하여 다행입니다. 창의적 혁신적 비판적 인재를 키워야 할 교사들에게 의사 못지않은 대우를 하여야 한다거나, 교육과정 설계와 학교 시스템을 바꿔야 한다고 래퍼는 법정에서 힘주어 말하고 있기에 공감 100이었습니다. 8월호는 읽을거리가 부족하기에 영상 한 편을 공유함으로써 송구함을 대신합니다. 2학기에도 더욱 건승을 기원합니다.

교장회 통신 18호

"사랑은 왜 낮은 곳에 있는지를"

Prologue - 9월호의 시작은 안도현의 詩 한 편 「가을엽서」로 엽니다.

한 잎 두 잎 나뭇잎이 / 낮은 곳으로 / 자꾸 내려앉습니다. / 세상에 나누어줄 것이 많다는 듯이 // 나도 그대에게 무엇을 좀 나눠주고 싶습니다. / 내가 가진 게 너무 없다 할지라도 / 그대여 / 가을 저녁 한때 / 낙엽이 지거든 물어보십시오. / 사랑은 왜 낮은 곳에 있는지를.

Digilog - 감성적이고 따뜻한 교장회 9월 소식

1. 승진 교장(신입 회원) 연수회 및 간담회(9. 16.) 이야기

2. 한글사랑 바른글씨 & 톡톡글꼴 경진대회 준비 이야기

2022학년도 '한글사랑 경진대회' 관련 계획안이 공문으로, 내부 메일로 발송되었습니다. 대회 운영은 전년도와 동일하게 학교 자체 운영, 다른 점은 교육감상(대상) 등 대외 시상이 있으며, 한○○장학회 후원(약 300만 원)으로 부상(상품권)이 추가되었습니다.

전국 단위의 한초협 중 유일하게 ○○초등교장회에서만 이뤄지는 '한글사랑 경진대회'는 우리 교장회의 활동(행사) 중 유일하게 학생 교육의 완성도가 높은 행사입니다. 행사 후, 학교별 우수작 2편(저학년 1편, 고학년 1편)을 공문의 안내 방법대로 아래의 패들렛 주소로 제출하시면 감사하겠습

초보 글쟁이 성주쌤의 미래교육 이야기

니다(10. 14. 금요일 16:00까지).

Epilogue - 9월호의 마무리는 감성 충만, 노래 한 曲으로 대신합니다.

　개인적으로 5년쯤 지난 이날까지도 교복 차림의 어느 여학생의 노래 모습을 잊을 수 없는 노래입니다. 가을 초입에, 9월 끝자락에 쉼이 되거나 힘이 되길 바랍니다.

　휘파람♬ / 이문세×김윤희

"꿈을 현실로, 희망 부산 교육!"

Prologue - "꿈★은 이루어진다"

2002년! 축구장의 관중석이나 길거리에는 대형 플랜카드에 이렇게 새긴 글을 읽곤 했습니다. "꿈★은 이루어진다". 그리고 붉은 악마 응원단의 의상 때문에 한반도가 붉게 물들고, "대~한민국" 함성이 울려 퍼졌지만 어느 누구도 소음이라고, 공해라고 말하지 않고 함께 공감했었지요. 우린 그해, 그날들을 기억합니다. 그래서 "어쩌자구요?" 그렇게 물으시면 다음으로 넘어가겠습니다.

Digilog - 감성적이고 따뜻한 교장회 10월 소식

1. 한글사랑 바른글씨 & 톡톡글꼴 경진대회(10월 2주) 이야기

김○○ 총무국장님을 비롯한 모든 이사님들의 헌신(獻身)과 교장회 모든 교장 선생님들의 동참, 전문직 회원님들의 후원 덕분에 새신(刷新?)을 신게 되었습니다. 헌신과 새신? 언어개그의 도를 넘은 무리수였습니다.

2. 교원인사과 협의회(10. 18.) 이야기

교장 전보제도와 교장 전입추천제 개선을 위한 방향이나 방법을 논의하였습니다. 특히, 대규모학교나 비선호학교의 전보를 위한 다각적인 방법을 논의하였습니다. 교원인사과장님의 많은 경험과 높은 의지를 감안하면 모

두를 만족하는 정답에 가까운 해답을 찾아주실 것으로 믿습니다.

3. 한○○장학회 협약식(10. 20.) 이야기

한○○장학회의 후원을 받아 올해부터 한글사랑 경진대회 부상(상품권, 약 300만 원)을 수상 학생에게 지급하게 되었습니다. 해마다 같은 액수의 후원을 협약하였습니다.

4. 교육감과의 간담회(10. 24.) 이야기

부산광역시교육청 제1회의실에서 교육감님과 ○○초등교장회 회장단과의 간담회가 있었습니다. 교장회에서 제안드린 내용은 ① '교육공무원법 제41조 연수'의 결재방법 재고 ② 교장중임심사 방법 개선 ③ 돌봄전담사 근무시간 예외(방학 중 근무시간 변경) 요구 ④ 학교급간 학교장 업무추진비 격차 해소 등이었습니다.

　가. '교육공무원법 제41조 연수'의 결재방법 재고

　- 현재의 조건부 학교장 자체 결재(3일까지 셀프 결재)를 조건 없이 학교장 전결 방법을 적극 검토하기로 하였습니다. 매사에 자율성은 책무성을 동반하므로 자율성을 부여받을 경우, 학교장의 학교 경영에 대한 무한 책임은 더 엄격할 필요가 있을 것입니다.

　나. 교장중임심사 방법 개선

　- 현재의 교장중임심사 방법은 시도별로 차이가 있습니다. 서류심사와 면접전형을 하는 시도가 있는가 하면, 서류심사만으로 중임심사를 대신하는 시도가 많습니다. 중임심사에 따른 문제점이나 해결책을 교원인사과 협의회(10. 18.)에서 상호 공감대를 형성한 바 있습니다. 이를 바탕으로 교육감과의 간담회에서 교장 선생님의 자존감을 해치지 않으면서 심사제도의 취지를 살리는 방향으로 답안을 주신

다고 하셨기에 분위기가 화기애애하였습니다.

다. 돌봄전담사 근무시간 예외(방학 중 근무시간 변경) 요구

- 현재의 돌봄전담사 근무시간 관련 협약 사항은 모든 학교에 예외 없이 1119근무(11시 ~ 19시 근무)였습니다. 협약 내용에 불가피한 점을 인정하오나, '예외 없는 법은 없다'라고 하듯이 예외를 인정토록 요구하였습니다. 협약 사항인 만큼 ① 돌봄전담사의 양해(예: 0917근무)를 전제로 ② 방학 등 휴업일에 한하여 예외의 인정 여부나 인정 방법을 적극 검토하기로 하였습니다.

라. 학교급간 학교장 업무추진비 격차 해소

- 해운대회장단 중심으로 제안해주신 내용입니다. 부산시교육청의 '학교회계 예산편성 기본지침'업무추진비 계상한도 개선을 건의하였습니다. 현재 일반업무추진비 학교급별 단가가 학교급별로 상이(초등 300만 원, 중학교 및 특수학교 500만 원, 일반계고 600만 원)하여 형평성이 결여되어 있기에 학교급당 동일한 단가 적용을 요구하였습니다.

Epilogue - "꿈★을 현실로!"

2022년! 2002년으로부터 꼭 20년이 지난 지금 우리에겐 또 꿈이 이뤄지나 봅니다. 부산 교육의 캐치프레이즈 "꿈을 현실로! 희망 부산 교육"이 한낱 구호가 아니라 현실이 되어감을 느낍니다. 이런 느낌이 저만의 느낌이 아니라 부산시 모든 교육 가족의 가슴에 선물로 다가오길, 실현되길 소망하면서 10월호 통신을 마무리합니다.

초보 글쟁이 성주쌤의 미래교육 이야기

교장회 통신 20호

"우리는 어디까지 갈 수 있을까"

Prologue - 우린 어디까지 왔을까

우린 여태 얼마만큼 걸었을까요? 많이 걸었다고 생각합니다. 걸음 수는 몰라도 무척 걸었습니다. 그런들 뭐 하냐고 묻지는 마세요. 후회 없이 살고자 하니까요.

우린 여태 어떻게 걸었을까요? 함께 걸었다고 생각합니다. 어딘지는 몰라도 엄청 걸었습니다. 그런들 뭐 하냐고 따지지는 마세요. 우린 걸을 수 없어 달려야 했고 그래서 숨 가쁘니까요.

무슨 이야기를 이어가려고 거창하게 이러실까 싶으시지요. 우리 교장회에서 이번 11월에도 꽤나 성과를 거두었다고 자랑 좀 하거나 성과 좀 들어보자구요.

Digilog - 감성적이고 따뜻한 교장회 11월 소식

1. 교육감과의 간담회(10. 24.) 답변 이야기

  가. 학교급간 학교장 업무추진비 격차 해소

   - 학교급별 차등적용 폐지(2023년 학교 회계 예산편성에 반영)

  나. 교장중임심사 방법 개선치

   - 교장중임 심사 시 교장중임 절차 간소화 방안을 검토하겠음

다. 돌봄전담사 근무시간 예외(방학 중 근무시간 변경) 요구

- 겨울방학 중 초등돌봄교실 운영부터 변경 적용

라. 교육청 파견교사 공모 시기에 따른 민원 발생 우려

- 현재 교육청 파견교사 복귀 공문을 시행하여 파견교사 복귀 방안
을 검토하고 있음

- 2023년 복수교감 배치 시 학급 수와 학생 수를 고려한 배치 방안
을 고려해보겠음

마. 학급당 특수학생이 과다한 학년의 학급 수 산정 문제

- 특수학급의 학생 배치 기준 및 일반학교의 학년별 학급 수 산정 소
관 부서 안내

바. 보직교사 정원 조정 문제

- 관련 부서와 협의하여 보직교사 배치 기준 조정을 검토해보겠음

사. 관리감독자 정기 안전 보건교육 이수 문제

- 해당 교육은 법정 의무교육으로 우리 교육청에서 임의로 변경 운영
하기 어려움

아. 교장 41조 연수 신청의 문제

- 최근 2년간 완화하였으며, 타 시도 상황 등을 고려하여 교장회 요
청을 검토하겠음

2. 부산 교육대상 심사(1~3차) 이야기

어쩌다 보니 부산 교육대상 심사에 참석하게 되었습니다. 4개 분야(초등
교육, 중등교육, 평생교육, 특수교육 등)의 수상자를 선정하는 자리인데, 신청자
가 적다는 점과 적격자를 찾지 못했다는 아쉬움이 있었습니다. 부디 현직
에 계실 때라든지 퇴임을 하시더라도 자신의 공적을 잘 정리하셔서 신청

해보시면 어떨까 싶습니다. 주변에 두루 적격이라고 여기시는 분이 있으면 적극적인 추천 부탁드립니다.

3. 학력개발원 개원식(11. 21.) 그리고 개정교육과정 연수(11. 23.) 이야기

현재의 미래교육원 내에 학력개발원을 개원(11. 21.)하여, 학생들의 기초학력과 기본학력을 향상시키고자 다 함께 노력할 것을 약속하는 자리였습니다. 부산시교육청 주관으로 초등학교장 대상 20○○ 개정교육과정 연수(11. 23. & 11. 30. 예정)에서 강조하는 기초소양(언어소양, 수리소양, 디지털소양)을 갖추고 자기 주도적으로 학습할 수 있는 능력을 함양하는 교육과정 목표와 연동될 수 있는 역할을 기대해봅니다. 아울러 미래교육원 내에 자리한 만큼, 미래 사회에서 절박하게 요구하는 SW와 AI 교육의 산실이 되었으면 합니다. 절박함이 없으면 아무것도 성사되지 않을 것입니다. 절박이 곧 대박이니까요.

Epilogue - 우리는 어디까지 갈 수 있을까

우린 앞으로 어디까지 걸어야 할까요? 우리는 교육의 본질만 생각하고 걸었기에 갈 길이 멀고 힘들었습니다. 그런들 뭐 하냐고 꾸짖지는 마세요. 교장회엔 두 갈래 길이 있었고, 우리들은 사람들이 적게 간 길을 택할 수밖에 없었으니까요. 그 길이 베풀고 베풀어도 부족한 길, 참고 또 참아도 더 참아야 할 길임을 알기에 힘들지만 함께 가야 할 길입니다. 부디 어디까지 가야 한다고도 말하지 마세요.

우린 오늘 하루 어떻게 살아볼까요?

자신을 믿고 살아보십시오. 남을 의심할 순 있어도 나를 의심하지 마세요. 배운 게 정직과 성실, 좀 더 나은 세상을 향함이니 그 길밖에 선택이

안 되잖아요. 그런들 뭐 하냐고 누군가 묻거든 답하지 마세요. 나는 나답게 살기로 했으니까요.

그리고 우리 잊지 맙시다.

그때 그 자리에 우리 함께 했음을! 우린 늘 함께 잘 살고 있음을!

교장회 통신 21호

"계묘년에 달라지는 것들 10가지"

Prologue - 임인년 한 해, 수고 많으셨습니다

어려서 좋아했던 드라마 중에 당시 학생이면 누구나 좋아했던 '호랑이 선생님'이 있었습니다. 국내 최초의 학교 중심의 교육현장 드라마가 방영되고 나서 '호랑이 선생님'이라는 이름 자체가 어느 정도 일반명사화되어 덩치 크고 엄격한 남성 교사를 일컫는 용어로 자주 쓰였으나, 90년대가 지나고 나서는 거의 쓰이지 않게 되었지요. 호랑이의 해, 별 드릴 말씀이 없어서 추억을 소환해봤습니다. 한 해 수고 많으셨습니다.

Digilog - 감성적이고 따뜻한 교장회 12월 소식

1. 한초협 이사·대의원회 및 연수회(12. 8. ~ 12. 9.)
2. 교장회 하반기 정책홍보지 발간 협의회 개최(1차: 12. 12. / 2차: 2023. 1. 19. 예정)
3. 수학문화관 개관식(12. 14.)

수학이 놀이가 되는 곳, 부산수학문화관이 글로벌빌리지에 개관하였더군요. 잠깐 아재개그 칩니다. 반성문을 영어로 뭐라 할까요? (정답: 글로벌) 4개의 강의실은 당연한 듯하지만, 발명공작실, 목공공작실, 금속공작실, 토론학습실, 세미나실, See Lab실 등의 시설로 미뤄보면 느낌 좋습니다.

초등학교에서도 수포자(數抛者: 수학 포기자)란 말이 회자되고 있더군요. 수학문화관 개관의 취지가 현장에 접목되어 놀이활동 중심의 수학 수업이 다반사가 되었으면 합니다. 그래서 수포자란 말 대신에 수호자(數好者: 수학 선호자)란 말이 위키피디아 백과사전에 등재될 날을 기대합니다.

4. 교육정책연구소 연차보고회(12. 15.)

부산 교육정책연구소(소장 류○○)의 2022학년도 부산 교육정책 연차보고회는 박○○ 교육정책과장 등 많은 분의 참여 속에 기후위기 대응을 위한 실천 중심 생태교육 방향 모색, 2022 개정교육과정 핵심역량 강화를 위한 교육평가 개선 방안 등 10개 과제의 연구보고를 공유하였습니다.

5. 2023년 주민참여예산 나눔 한마당(12. 28.)

2023년 주민참여예산 나눔 한마당이 오늘(12. 28.) 개최될 예정입니다. 주민참여예산 활동에 대한 학생·보호자·교직원·일반시민과의 소통의 장을 마련하고 아울러 2023년도 주민참여예산 발전 방향 모색 및 교육재정에 대한 관심을 제고하여 직접 참여하는 분위기를 확산하고자 하는 취지라고 합니다. 우리 교장회의 김○○ 수석부회장님이 바쁘신 일과 속에 참여해주시기에 감사드립니다. 감사합니다.

6. 2023년 계묘년에 있을 주요 행사 브리핑(새해 1, 2월 중)

교장회 일로 하루 일과 중 8할쯤의 에너지를 쏟고 계신 김○○ 총무국장님이 추후 공문으로 안내드릴 주요 행사를 브리핑합니다. 자천(自薦), 타천(他薦)으로 회장 입후보 많이 하셨으면 합니다. 회장 자리 참 좋습니다.

가. 2023학년도 회장선거 일정

- 2. 2.(목): 공고(공문), 2. 8.(수) ~ 2. 10.(금): 후보 등록

나. 2023학년도 지역청 회장, 총무 선출 (1. 13. 금요일까지)

다. 2023. 2. 28. 자 퇴임 교장 선생님 송별회(2. 7.): 공문 발송됨

라. 2023 교장회 정기총회(2. 21.): 회장 선출 등

Epilogue - 계묘년 새해 더욱 건승하시길 빕니다

검은 토끼의 해, 계묘년 새해에 우리나라에 여러 가지 변화가 있습니다. 10가지를 모아서 정리해봤습니다. ① 만 나이로 통일 적용 ② 대학 입학금 무료 ③ 최저임금 약 201만 원 ④ 체크무늬 교복 금지 ⑤ 부모 되면 11개월간 월 70만 원 지원 ⑥ 병장 월급 100만 원 ⑦ 익스플로러 영구 종료(2023. 2. 14.) ⑧ 유통기한을 소비기한으로 변경 ⑨ 오토바이 책임보험 의무 ⑩ 이동통신 대역 변화(5G→6G) 등입니다.

개인적인 생각 2가지 써도 될까요? 하나는, 만 나이로 통일한 것, 두 아들 병역을 마쳐서 제겐 혜택이 없지만 병장 월급 인상은 적절한 복지 정책이라는 생각이 듭니다. 또 하나는 체크무늬 교복 금지가 뭔지 궁금해서 찾아봤습니다. 영국 패션업체인 버버리에서 "버버리 체크 쓰지 말라"라며 상표권 문제(버버리의 체크무늬는 상표로 등록돼 상표 보호)를 제기하면서 2023학년도 입학생들부터는 체크무늬가 사라진 교복을 입게 됐다고 합니다.

교장 선생님, 전문직 회원님! 계묘년 새해 건강하십시오. 더욱 행복하시길 바랍니다.

교장회 통신 22호

"송별회 & 정기총회 때, 많이 뵙Seee~e다"

Prologue - 1월은 어원적으로 야누스의 달!

이 세상에 양면성이 있는 이야기를 모아보고 싶습니다. 지금 1월 통신을 준비하면서도 야누스적인 생각이 많습니다. 시 한 편 골라서 감성 터치하고 말까, 그건 아니지, 처음처럼 초심을 잃지 말아야지 싶습니다. 그러다가도 쓸 이야기, 들려드릴 소식이 별로 없는 걸 별 수 없잖아 하며 자기 위안의 길을 걷고 싶기도 합니다. 들려드릴 만한 소식이 될지 자신은 못합니다. 골라서 읽어주시면 감사하겠습니다.

Digilog - 감성적이고 따뜻한 교장회 1월 소식

1. 초등교사 임용고사(1. 4. ~ 1. 6.)

요즘 교원임용고사는 과목도 많고 방법도 다양하더군요. 교실 영어를 활용한 영어 수업까진 공감이 가지만, 영어로 구상답변이나 즉문즉답까지 요구할까 싶더군요. 옛날에 교사 되길 잘했다 싶기도 하지만, 교사 임용의 절차나 방법이 너무 까다롭기에 수험생의 입장에선 가혹한 감이 없지 않겠다 싶었습니다. 무슨 일이든 절대적 선택은 없거나 곤란할 것입니다. 아무튼 임용 업무에 애쓰신 전문직 회원님들의 수고에 경의를 표합니다.

2. 주요업무 학교관리자 연수(1. 11.)

2023년 역점 과제 및 주요업무계획의 실행을 위한 학교관리자의 이해도를 제고하고, 2023년 학교교육계획 수립을 지원할 목적으로 초등교장 선생님 대상의 연수가 있었습니다. 단위 학교만의 특색 있는 교육계획을 수립토록 다음과 같이 요구하였습니다. 일선 학교에서 잘되지 않는 것이 관행적인 것의 뺄셈과 특색 있는 것의 덧셈이 아닐까 자성도 하였습니다.

- 학교별 비전과 교육목표, 중점 교육활동 구체화
- 특색 있는 학교교육계획 수립 및 자율적 학교 경영 여건 조성
- 전 교(직)원들이 연중 활용하며 교육활동을 추진할 수 있도록 계획
- 관행적이거나 불필요한 업무 덜어내기

3. 부산초등교장회 2023학년도 지역청 회장 총무 선출 결과(1. 13.~)

1월 13일까지 지역청별로 교장회 임원을 선출하셨습니다. 선출 과정에 공을 들이신 여러 교장 선생님들께 감사드립니다. 2023학년도 지역청 임원이 되신 분들은 다음과 같습니다.

- 서부: 정○숙(다○초) 양○열(응○초)
- 남부: 임○교(가○초) 왕○현(석○초)
- 북부: 이○규(양○초) 박○주(사○초)
- 동래: 이○기(동○초) 이○영(금○초)
- 해운대: 남○모(삼○초) 이○평(죽○초)

4. 부산초등교장회 회보 제25호 발간을 위한 편집위원 회의(1. 19. / 1. 31.)

부산초등교장회의 하반기 주요 활동, 퇴임하시는 선배 교장 선생님의 이야기, 새로 회원이 되신 신임 교장 선생님의 이야기 등을 담아 2월 중에 회원님들께 발송될 예정입니다. 원고를 쓰신 회원님들, 수고 많으셨습니

다. 정책홍보위원회 위원님들의 수고에 거듭 감사드립니다. 방탄소년단(BTS)의 노래 제목, '피, 땀, 눈물'까진 아닐지 몰라도 정성이 가득한 회보를 촘촘히, 마음으로 읽어주시면 복 받으실 겁니다.

5. 2023. 2. 28. 자 퇴임 교장 송별회 안내(2. 7. 예정)

오랜 세월 교직을 지키시고, 학교 경영에 남다른 열정을 쏟으신 회원님들의 퇴임을 축하드립니다. 설렘 반, 아쉬움 반이 아닐까 조심스럽게 짐작을 해봅니다. 그동안 교장회의 친목과 화합을 위해 몸소 실천하신 헌신에 감사드립니다. 그나저나 떠나시면서 밥 한 끼 안 하시고 떠나시면 안 됩니다. 만나 뵙고 담소도 나누고, 사진도 한두 컷 찍어서 소장하고 싶습니다. 이따 뵙Se~e~e~e다. 火요일은 낮도 좋아요. ♬♪♪

* 2월 7일(火) 11:30 * 아○아드○티(사직동) 라띠움

6. 2023년 부산초등교장회 정기총회 및 회장단 선출(2. 21. 예정)

어쩌면 제일 큰 교장회 행사입니다. 그래서 소통도 많이 합니다. 소통은 발음이 유사해서일진 몰라도 고통도 수반합니다. 무슨 일이든 조금 또는 그 이상의 고통을 동반하는 건 진리입니다. 플랜카드 문구는 어떻게, 좌석 배치는 어떻게, 점심이 이어지는데 음료수 등 간식은 어떤 것으로 얼마만큼, 내빈들의 축사 순서는, 신규 회원의 공문은 어떻게 등등 두 국장님이 주고받는 단톡의 분량이 상상 그 이상입니다.

두 국장님의 노고에 감사드립니다. 16인의 단톡에서 좋은 의견을 제안해주시는 이사님들께도 감사드립니다. 정기총회와 겸하여 실시하는 회장 선거에 적격인 입후보자를 자천타천으로 추천받고 있습니다. 김○○ 총무 국장님이나 저에게 적임자 추천을 부탁드립니다.

Epilogue - 1월이 저만치~. 계묘년 시작이 엊그제 같은데…

검은 토끼의 해, 계묘년 덕담을 나눈 지 얼마 되지 않았는데 말입니다. 벌써 한 달이 갔습니다. 1/12을 보낸 셈입니다. 하루는 더딘데, 1주일은 왜 이리 빠를까요? 1주일은 조금 빠른 듯한데, 1년은 왜 더욱 빠를까요? 아마도 토끼가 거북이보다 빨라서 그러지 싶습니다.

"정기총회 때, 많이 뵙 Seee~e多"

Prologue - 회자정리(會者定離), **진리일지라도 섭섭합니다…**

2월 7일, 하루 중 반나절은 이랬습니다.

10:00, 이○숙 재정국장님과 카풀 / 10:10 김○광 총무국장님과 송공장 전달 방법, 진행 방법 논의 / 11:30 손수 제작한 플로터 출력물 붙이기 / 청별 배치도에 따라 네임택 홀더(메모꽂이) 꽂기, 생수 제자리 배치하기 / 11:30 손님(?) 맞을 채비

잘 치르길 바라는 기대감보다 그저 설렘이 앞서더군요. 실로 오랜만의 만남이라서 그럴 테지요. 혹시 오신다고 했는데, 못 오시는 분이 있으면 어쩌나 이런 마음이라서 그랬을 겁니다.

Digilog - 감성적이고 따뜻한 교장회 2월 소식

1. 부산초등교장회 하반기 회보 발간(2. 3.)

부산초등교장회 회보(25호)가 2월 3일 자로 발간되었군요. 저는 오늘(2. 8.) 받아 보았습니다. 떠나시면서 감성의 글을 보내주신 탁○갑 교장 선생님, 새로운 임지 문현초의 부임 인사말과 나무테 이야기를 전해주신 천○진 교장 선생님, 3F(자아) 프로그램을 통한 교실 수업 개선 연구학교 사례를 공유해주신 이○희 교장 선생님, 예술로 빛나고 문화가 아름다운 '예문'

이야기를 편지체로 실어주신 원○경 학예문 관장님, '꼼지락'이라는 아름다운 어감으로 글타래를 풀어서 재능기부, 아이사랑 이야기를 전해주신 김○화(상학초) 교장 선생님께 감사드립니다. 저의 글도 미숙하나마 대문에 자리 잡고 있어서 개인 소장품으로 쓰고자 서랍 속 깊숙이 넣어뒀습니다.

2. 사진으로 읽는 퇴임 교장 선생님 송별회(2. 7.)

(사진 생략)

참석 못 하신 신선초 노○태 교장 선생님, 용당초 조○희 교장 선생님, 내산초 김○철 교장 선생님, 내내 행복하십시오. 참석하시려다 막판에 사정상 불참하신 거제초 허○애 교장 선생님, 일광초 박○숙 교장 선생님, 좌산초 김○연 교장 선생님, 내내 건승을 빕니다.

3. 관리직과 전문직 인사발령(2. 8.)

오늘(2. 8.) 관리직과 전문직 인사발령이 있다는 소문이 있는데 아직 현실이 아니군요. 전보 희망서를 내진 않았지만, 내 마음속에 희망하신 그 학교로 발령 나시길 바랍니다. 행여 희망하지 않는 곳이라면, 후회 대신에 그곳에서 소중한 인연이 기다리고 있다고 생각하셨으면 합니다. 살아 보면 살아진다잖아요. 어느 작가의 책 제목처럼, '살아 보니 그런 대로 괜찮다'라고 느끼실 겁니다. 잘 사세요!

Epilogue - 거자필반(去者必返)! 진리이기에 언젠가 꼭 뵐 테지요

교직에 계시든, 인생 2막을 시작하시든, 모두에게 최고의 가치는 '행복'입니다. 우리 모두 몸과 마음이 평온한 날, 행복한 날들이길 빕니다. 그리움이 많으면 행복한 게 아닐까요? 인간이 가진 가장 아름다운 정서는 '그리움'이라고 했으니까요. 글과 그림, 그리움의 어원은 같다고 하는군요.

"종이에 그리면 그림이 되고, 마음에 그리면 그리움이 된다."

초보 글쟁이 성주쌤의 미래교육 이야기

교장회 통신 24호

"소중한 만남, 아름다운 인연"

Prologue - 롤링의 시절, 소중한 만남이었습니다

붉은색의 실이 남녀 간 인연을 이어준다는 중국 설화가 있습니다. 교장회의 인연은 무슨 색인진 몰라도 한 학교의 경영 소명과 함께 시작되었습니다. 한번도 경험 못한 코로나 시절, 롤링의 시절을 함께 넘었기에 더욱 소중한 만남이었습니다.

Digilog - 필링의 시절, 동행할 수 있어 감사했습니다

코로나 때문에 소통이 힘들었습니다. 마스크 뒤의 숨은 표정까지 읽으려는 회원님들의 노력이 있었기에 공감의 힘은 더 높아졌다고 생각합니다. 공감해주셨기에 좀 더 멀리 동행할 수 있었습니다. 충만한 감성으로 동행할 수 있었습니다. 감성 연대가 필요한 필링의 시절, 함께 동행할 수 있어서 감사했습니다.

Epilogue - 힐링의 시절, 아름다운 인연을 기원합니다

거부할 수 없는 만남을 인연이라고 하죠. 우리는 교장이라는 직함을 가졌기에 아름다운 인연을 맺었습니다. 약속받았습니다. 내 생애 이처럼 아름다운 교장 시절이 또다시 올 수 있을까요? 사실 저는 지금 유튜브로 이

선희 가수의 '인연', '그중에 그대를 만나'를 듣고 있습니다. 취한 듯 만남은 짧았지만, 행복했습니다. 남은 날들, 힐링의 시절, 아름다운 인연을 오래도록 간직하시길 기원합니다. 사랑합니다. 교장 선생님! 사랑했습니다. 교장 선생님!

초보 글쟁이 성주쌤의 미래교육 이야기

3장

'아침햇살 희망편지' 中

희망 이야기

선생님들과 소통 이야기(아/회/편) 중에서 몇 편의 글을 담았습니다.

아침햇살 희망편지

"미래 대학의 모습은?"

안녕하세요? 성주참외~로운 아침편지입니다.

『비유물론』의 저자 그레이엄 하먼 박사가 예측한 미래 대학의 모습을 공유합니다.

* Satellite university(사이버 대학)

* Bookless university(교과서를 사용하지 않는 대학)

* No calender university(학사일정이 없는 대학)

* All have access university(지구촌의 모든 인류에게 개방하는 대학)

미래 예측 모습은 마치 코로나로 인해 경험한 현재의 모습과 상당히 일치합니다. 어떻게 받아들여야 할지 잠시나마(욕심낸다면 두고두고) 고민해볼 일입니다.

오늘부터 전교생 등교가 이뤄진 마당에 아이러니한 표현이지만, 그동안 익힌 온라인수업, 블렌디드 러닝 경험은 미지의 영토가 아니라 개척해야 할 곳임을 잊지 맙시다.

오늘부터는 전교생 등교의 기쁨과 코로나의 부담 사이에 균형추를 잘 잡아 무탈한 학년 마무리합시다. 교실의 좌석 배치를 마치 수능 고사장처럼 최대한 멀리 하시고, 급식 시간에는 묵언 식사 꼭 챙겨봐주시기 바랍니다.

"코로나로 시작된 교육의 변화"

안녕하세요? 성주참외~로운 아침편지입니다.

어제(9일) 역량 강화 직무연수가 있었습니다. 강의 주제는 '코로나로 시작된 교육의 변화'였습니다.

전체적 느낌은 ① 잘 만들어진 프레젠테이션 자료를 ② 여기저기서 우려먹는다는 느낌도 없지 않았습니다. 강의 초반을 넘기니 나도 모르게 비판적 수용 태도를 보이고 있더군요(나쁜 태도가 아니라 바람직한 태도라 생각합니다).

우선, 미래 사회 필요 역량에 대한 '내용적 비판'입니다.

강사는 분석적 사고, 문제해결, 창의성, 공감능력을 특히 강조하였는데, 저에게는 4C(Critical thinking: 비판, Creativity: 창의, Collaboration: 협업, Communication: 소통)가 전파력이 좋습니다.

그러면서도 인공지능 시대, 4차 산업혁명 시대에 요구되는 역량을 4C로 잘 표현했다고 봅니다.

둘째는 생산의 3요소 중 '아이디어'를 강조하는 것에 대한 '방법적 비판'입니다. 인공지능 시대에 '아이디어'를 강조하는 방법을 이렇게 전달하거나 공유하면 어떨까 싶었습니다.

옛날 탐라도에는 3씨(고씨, 양씨, 부씨)가 많이 살았고, 오늘날 제주도엔 4C를 가진 분이 산다. 3씨에 속하진 않지만 구휼의 상징 김만덕 할망 시대는 토지, 노동, 자본이 중요했고, 4C를 갖췄다고 단정할 근거는 없지만 공감력의 아이콘 이효리 시대는 재료, 사람, 아이디어가 생산의 3요소가 되었다. 요렇게 생산의 3요소 중 아이디어를 강조하면 재미가 있겠다 싶었습니다.

(이효리: 지극히 개인적으로 효리네 민박에서 소통하는 모습과 상업광고에 출연 않겠다는 약속을 지키는 모습에 큰 공감을 갖게 됨)

저도 직무연수 화상강의를 비판적으로 수용했듯이, ○○선생님들도 많이 비판적으로 아침편지를 읽고 계시리라 봅니다.

다음의 관점에서 비판적 수용을 해봄 직합니다.

비판 1 - 인공지능 시대에는 공감력과 창의적 해결력이 필요하답니다. 공감력은 비판과 소통의 산물이고, 창의적 해결력은 창의와 협업의 결과물이 아닐까?

비판 2 - 오늘 수업을 1교시 국어는 비판 역량을, 2교시 수학은 협업역량을 길러보고 싶다?

"의미와 재미를 더하는 하루 창조하시길 빕니다."

"코로나 이후의 미래교육"

안녕하세요? 아/희/편/입니다.

오늘은 『코로나 이후의 미래교육』(박상준 著, 교육과학사)의 내용 중 일부분을 소개하고자 합니다. 총 12개의 章으로 구성되어 있습니다. 여러 내용 중에 ① 코로나 이후 디지털 세대의 학습 방식, ② 학생 주도성 학습의 실현 방안을 눈여겨보았습니다.

코로나 이후의 미래 사회는 대면 관계에서 '비대면 관계'로, 언택트 사회에서 '온택트 사회'로, 비동시적인 일방향 소통에서 '실시간 쌍방향 소통'으로 바뀌어갈 것입니다. 미래 세대의 학습 방식에는 어떤 특징이 있을까요?

미래 디지털 세대의 학습 방식은 다음과 같은 특징이 예상된다.

첫째, 디지털 원주민으로 성장하다.

요즘 청소년 세대는 디지털 원주민(디지털 사회에서 태어나고 성장한 사람)으로 성장하여, 종이책을 읽으며 공부했던 기성세대와 다르게 디지털 세대는 온라인에서 연결해 영상을 보며 공부하는 데 익숙할 것이다.

둘째, 온라인으로 검색하다.

디지털 세대는 위키피디아, 유튜브 등에서 엄청난 자료들을 제공받기에 도서관에 갈 필요 없이 온라인으로 검색해 공부할 수 있는 세대이다.

셋째, 영상을 보며 학습하다.

요즘 디지털 세대의 학습 방식을 한 마디로 얘기하면, 온라인으로 검색해 영상을 보며 학습한다.

(요약을 하면서 느낀 것은, 위의 세 가지 특징은 서로 유사하여 분리가 필요 없거나 축약하여 한 문장으로 서술해도 될 만한 것이었습니다)

아래의 내용은 소통을 위한 글은 아닙니다. 행여 학습이 되실 분이라면 발췌독 바랍니다.

미래 사회에서 요구하는 다양한 역량을 통틀어 변혁적 역량이라 부른다. 이 변혁적 역량은 새로운 가치의 창출, 갈등과 딜레마의 조정, 책임의 이행 등 3가지로 구성된다. 이러한 변혁적 역량을 기르는 방안이 학생 주도성(student agency)이다. 학생 주도성은 개인의 삶과 학교교육, 사회생활에서 목표를 정하고 반성적으로 결정하고 책임 있게 행동하는 역량을 일컫는다. 학생 주도성은 몇 가지 하위요소(목적의식, 경험을 통한 학습, 시간과 노력의 투자, 자기 학습과 행동에 대한 책임, 교사 중심 수업구조의 혁신, 교사의 역할 변화)를 포함하는 개념으로 학생 주도성은 다음과 같은 점에서 자기 주도적 학습과 구별된다. ① 자기 주도적 학습은 교사가 혼자 수업을 설계하기에 실제로 학생이 주도적으로 개별적으로 학습하기 어렵다. ② 자기 주도적 학습은 주로 교과 수업에서 학습 과정에만 적용되고, 비교과 활동에는 적용되지 못한다.

  자기 주도적 학습과 구별되는 '학생 주도성을 보장한 수업'은 어떻게
할까?
  첫째, 교사와 학생이 공동으로 수업 설계를 하는 것이다.
  둘째, 교수학습 방법을 교사 주도의 강의식 수업에서 학생 주도의 능동
적 학습으로 바꾸어야 한다.
  셋째, 교수학습 과정을 학생이 능동적으로 학습할 수 있도록 구성하는
것이다.
  넷째, 평가의 방식과 기준을 교사와 학생이 상호 협의하여 공동으로 결
정하는 것이다.

아침햇살 희망편지

"No Where? : Now Here!"

안녕하세요? 아침햇살 희망편지입니다.

오늘은 어제에 이어서 살아보지 않은 미래를 살아갈 아이들의 이야기를 공유해봅니다.

다음은 아동교육에 일생을 바친 강연가이자 아동교육자, 도로시 로 놀테의 詩입니다.

생활 속의 아이들

꾸지람 속에 자란 아이 비난하는 것 배우며
미움받으며 자란 아이 싸움질만 하게 되고
(중간 생략)
질투받으며 자란 아이 시기심을 배우고
부끄러워하며 자란 아이 죄책감을 배운다.

관용 속에서 자란 아이 참을성을 알게 되며
격려받으며 자란 아이 감사할 줄 알게 된다.

(중간 생략)

관심 속에 자란 아이 자긍심을 배우고

인정과 우정 속에 자란 아이 온 세상에 사랑이 충만함을 알게 된다.

이 시는 제가 교직생활을 시작할 무렵, '학급 경영록'이라는 다이어리의 한 쪽에 자리 잡았던 글귀라 읽을 때마다 스스로 부족함을 일깨워주고, 헷갈리는 방향을 잡아주던 든든한 에너자이저였습니다.

오늘은 12월입니다. December는 어원상으로 10월을 나타내지만, September처럼 2개월이 늦어져 12월이 되었답니다. 라틴어에서 Decem 은 '10'을 의미한답니다. Decade가 10년을, Decimal이 10진법을 일컫는 걸 보면 이해할 수 있습니다.

10월이라 치면 경자년이 2개월도 더 남았고, 12월이라 치면 2020학년도 가 2개월도 더 남았습니다. 이쯤 읽으면, 오늘 이야기는 아직 남은 날들 이 2개월 있으니, 애써 여유를 찾아보자고 글타래를 풀어갈 작정으로 읽 힐 것입니다.

한데, 소중한 건 지금입니다. 흘러간 10개월도, 남은 두 달도 아닙니다. 나의 행복이 어디에 있는지, 나의 희망은 어디에 있는지? 지난 10개월이 나 남은 두 달에서 찾지 마시고, 지금 가까운 곳에서 찾아보십시오.

Now Here! 지금 여기서 찾아보십시오.

No Where? 아무 데도 없다구요? 그렇다면 아마도 행복을 찾지 않고, 행운을 찾고 있는 건 아닌가요? 세잎클로버(행복)는 지천에 있는데, 네잎클

초보 글쟁이 성주쌤의 미래교육 이야기

로버(행운)를 찾고 있는 건 아닌지 자성해볼 일입니다. 오늘 아침햇살 희망 편지는 SNS에서 회자되는 글들이 마치 내 생각인 양 쓰이고 있음을 느끼면서 마무리합니다. 그래서 흠이 많은 글, 그래도 미래를 준비하는 힘이 되는 한 줄 있으면 다행입니다.

PS(더 욕심) - 지식에다 경험치를 더하면 지혜가 된다고 읽은 적이 있습니다.